Langenscheidt-Lektüre 59

Images
de la France

Von Volker Borbein
und Hélène Martinez

LANGENSCHEIDT

BERLIN · MÜNCHEN · WIEN · ZÜRICH

| Auflage: | 5. | 4. | 3. | 2. | 1. | Letzte Zahlen |
| Jahr: | 1994 | 93 | 92 | 91 | 90 | maßgeblich |

© 1990 Langenscheidt KG, Berlin und München
Illustrationen: Herbert Horn
Gesamtherstellung: Druckhaus Langenscheidt, Berlin-Schöneberg
Printed in Germany · ISBN 3-468-44590-3

Inhaltsverzeichnis

Vorwort

Mit dem vorliegenden Band werden dem Leser mit fortgeschrittenen Französischkenntnissen leichte bis mittelschwere Texte angeboten. Sie bringen Wissenswertes über Land und Menschen in der Alltagssprache von heute.

Im Kapitel «Des hommes et des métiers» erzählen junge und ältere Franzosen von ihrem Berufsleben.

Der Abschnitt «Images d'aujourd'hui» beleuchtet schlaglichtartig Aspekte der Lebenswirklichkeit in Frankreich, z.B. Freizeit und Urlaub, die Rolle des Autos, die Probleme berufstätiger Mütter, aber auch «Mythen» wie die französische Mode oder das französische Café. Die Themenauswahl trägt zu einem besseren Verständnis des heutigen Frankreich bei. Die Texte «Instit», «Une vie pas comme les autres», «Une vie plutôt classique» und «Ma Provence» basieren auf mündlichen Berichten und weisen deshalb Merkmale der gesprochenen Sprache auf.

Das dritte Kapitel beschäftigt sich mit der Provence, einer Landschaft, der deutsche Leser häufig ein besonderes Interesse entgegenbringen.

Den Abschluß bildet das «ABC des curiosités», das unterhaltsam über Erscheinungen der *civilisation française* informiert sowie über historische Persönlichkeiten, die diese mit geprägt haben.

Für die Mitarbeit an diesem Band danken wir Madeleine Archambault, Fleur Bellanger, Antoinette Cénant, Christophe und Laurent Issaurat, Christophe Landau, Henri Mantelli, Manuel Martinez, Jean-Jacques Maurand, André Reiss, Jacqueline Robert, Mehmet Tasar und Gilbert Turpin.

Verfasser und Verlag

Abkürzungen bei den Worterklärungen:
m = masculin/männlich ; f = féminin/weiblich
F = familier/umgangssprachlich; P = populaire/derb

Des hommes et des métiers

Profession? Patron de café

Elle, c'est une brune aux yeux noirs, elle s'appelle Cathy. Lui, c'est un homme charmant au teint bronzé, on l'appelle Nélou. Elle, c'est la patronne du café, la serveuse aussi. Lui, c'est le patron, le garçon de café en même temps. Ils sont mari et femme, leur passion commune, c'est leur bar sur la place de Pont-Saint-Esprit. Leur bar était déjà baptisé quand ils l'ont acheté. Peut-être en souvenir de la place de la Concorde à Paris qui, elle, attire les foules?

Ils servent des boissons de toutes les couleurs, du café noir au pastis en passant par les sirops à l'eau et les cocktails «maison». Ils servent des heures de fraîcheur en plein été ou bien un peu de chaleur quand il fait froid. Ils sont là pour les habitués, pour les passants inconnus, pour les rendez-vous amoureux ou les rencontres d'affaires.

Ils se lèvent tous les matins à 5 h 45. A 6 h 15, ils quittent la maison pour aller au bar. A 6 h 30, ils ouvrent. Officiellement, ils ferment à une heure du matin. Elle, elle ne fait pas la fermeture, c'est Nélou qui s'en charge. Puis il nettoie le bar. Quand il arrive à la maison, il est trois heures de la nuit. C'est spécial! Le samedi, elle l'aide à fermer le bar et à le nettoyer. D'ailleurs le samedi, c'est le jour de marché. Les gens viennent des villages alentour faire le marché et prendre le pastis

serveuse f *Kellnerin*

Pont-Saint-Esprit *Ort an der unteren Rhône*
baptisé,e *getauft*

attirer les foules *die Menschenmengen anziehen*

boisson f *Getränk*
pastis [pastis] m *Aperitif mit Anis*

fraîcheur f *Frische, Kühle*
chaleur f *Wärme*
habitué m *Stammgast*
inconnu,e *unbekannt*

nettoyer *reinigen*

aider *helfen*

marché m *Markt*
village m alentour *Dorf der Umgebung*

au bar. Ce jour-là, ils sont trois: ils emploient une serveuse, une jeune fille très travailleuse.

employer *beschäftigen*

Le dimanche, Cathy a sa matinée de libre. Elle ne reprend le travail qu'à 14 heures en hiver, en été à 11 h 30. Pour elle, c'est le paradis ...

Ils ont deux filles, l'une a treize ans, l'autre quinze ans. Maintenant, elles sont presque adultes, mais au début, c'était encore des enfants et ce n'était pas toujours facile! Il fallait s'organiser ... Cathy tient tout de même à prendre ses repas à la maison, avec ses filles. Leur père les voit rarement, il n'est pas souvent là. Quand il rentre, elles sont déjà couchées, ou bien à l'école. Quant aux vacances,

adulte *erwachsen*

tenir à *Wert legen auf*

9

ils n'en prennent pas. C'est l'été qu'ils travaillent le plus. Mais avant de partir manger avec ses filles, Cathy sert les apéritifs.

Les apéritifs, c'est très important dans un café. Ils ont chacun leur propre clientèle. Elle sert la sienne, bavarde avec les consommateurs. Il sert la sienne, et parfois même paie la tournée. Il trouve toujours une occasion à arroser! Leur clientèle, ils ne l'ont pas choisie. Ce sont des groupes qui se forment au fil des jours.

Après l'apéritif, elle rentre déjeuner. Mais elle n'a pas le temps de préparer les repas, ni de faire le ménage. Elle emploie une femme de ménage.

A 13 h 30 , elle repart au café pour remplacer Nélou qui n'a pas encore mangé. Il déjeune en vitesse et la rejoint aussitôt au café.

De 15 h à 18 h 30, elle fait une pause. Parfois elle se repose ou en profite pour aller faire ses courses. Elle rentre à la maison à 20 h pour dîner avec ses filles et repart à 21 h. Son mari va manger et revient aussitôt. Ils attaquent la nuit!

En hiver, c'est plus calme. Ils ferment vers 23 h et rentrent ensemble à la maison. Ils ont aussi un jour de libre pour se consacrer à la vie de famille. Ils ont une vie plus régulière.

En été, pendant deux mois, ils mènent une vie de dingues, travaillant entre seize et dix-sept heures par jour. C'est très fatigant, il faut servir à l'intérieur et en terrasse, il faut se déplacer sans cesse. Ils ont parfois

clientèle f *Kundschaft*

occasion f *Gelegenheit*
arroser *begießen*

au fil des jours *im Lauf der Zeit*

faire le ménage *Hausarbeit machen*
femme f de ménage *Putzfrau*

remplacer *ersetzen, ablösen*
rejoindre *zurückkehren zu*

se consacrer *s. widmen*

dingue m *Wahnsinnige(r)*

l'impression de marcher des kilomètres et des kilomètres! Ils vivent au rythme des clients ...

Pour la vie de couple, c'est difficile, mais ils ont fait un choix et ils aiment cette vie. Elle, elle aime le contact humain; si elle restait à la maison, elle mourrait d'ennui. Chaque client nouveau a quelque chose en soi, il apporte un peu de son univers même s'il n'en parle pas. Lui, il aime ses habitués, ceux qui viennent dès l'ouverture prendre un café et manger un croissant. Il y a deux sortes d'habitués. Ils préfèrent ceux qui font la tournée des cafés car ils sont fidèles. Les autres partent un beau jour et ils ne les revoient plus.

Le café, c'est leur foyer, leurs joies, mais aussi leurs tourments.

couple m *(Ehe)Paar*

mourir d'ennui *vor Langeweile sterben*

fidèle *treu*

tourment m *Sorge*

Travailler au bord de la mer

Les gens du Sud, on dit d'eux qu'ils parlent fort et avec l'accent. On dit aussi qu'ils sont paresseux, qu'ils font la sieste l'après-midi.

paresseux, se *faul*

Mais au pays du soleil, il n'y a pas que des gens pour illustrer cette légende. Au fond de cette France, là où la terre rejoint la mer, il y a des hommes de chair et d'os qui ont un métier bien à eux: l'ostréïculture. Celui qui pratique l'ostréïculture s'appelle un ostréïculteur. Il ne cultive pas des fleurs aux noms bizarres, mais des huîtres et des moules.

au fond *ganz unten*
rejoindre *treffen auf*
de chair et d'os *aus Fleisch und Blut*
ostréïculture f *Austernzucht*

huître f *Auster*
moule f *Miesmuschel*

Jean-Jacques est très jeune, le cadet de la famille. En sortant de l'école de la marine en 1969, il entre directement dans l'entreprise familiale. D'ailleurs, il n'y a que des hommes dans la famille, quatre fils tous nés avec la même foi en la mer. Le père, lui, la tient de son père. Et de génération en génération, ils ont vu se former les coquillages, ils ont vu les murs du mas s'agrandir et les machines se perfectionner pour améliorer la production et les conditions de travail.

cadet m *der Jüngste*

entreprise f *Unternehmen*

foi f *Glaube*

coquillage m *Muschel*
mas m *provenzal. Bauern-haus*
améliorer *verbessern*

«Les conditions de travail, elles ne sont pas toujours faciles! Dans ce métier, on est tout le temps au contact de l'eau, et en plein hiver, bien que les hivers ne soient pas rudes chez nous, on a froid, très froid. Nous avons les pieds et les mains complètement gelés et alors il fait bon boire un café chaud.»

rude *rauh, streng*

gelé, e *eiskalt*

12

Les huîtres se vendent surtout pour les fêtes de fin d'année. C'est une tradition en France. On mange des huîtres pour le jour de Noël et pour le jour de l'An. Tradition barbare lorsque l'on sait que les huîtres crues sont mangées alors qu'elles vivent encore, tradition coûteuse lorsque l'on sait que les huîtres sont une de ces délicatesses qui coûtent très cher.

cru,e *roh*

Les huîtres vivent au fond de la mer, mais celles-ci, elles ne sont pas nombreuses. Celles que l'on achète sur les marchés, elles sont élevées par les ostréiculteurs. Jean-Jacques et sa famille envoient des coquilles d'huîtres sur la côte atlantique pour que des naissains soient greffés sur elles. Ensuite ces naissains, c'est-à-dire ces sortes de bébés-huîtres, sont renvoyés à l'entreprise et placés dans les étangs de Thau. Ils sont suspendus le long de cordes à des sortes de tables. Régulièrement, Jean-Jacques et ses frères visitent les étangs et surveillent la croissance des huîtres. Après six mois, les cordes sont retirées de l'eau à l'aide de grosses machines. Les huîtres sont détachées et mises dans de grosses poubelles qui pèsent environ 50 kilos. Puis ils rentrent au mas. Les huîtres sont lavées dans d'énormes machines puis défaites une à une. Les plus grosses, prêtes à la vente, repartent à l'étang et seront retirées à la demande .

au fond *in der Tiefe*

envoyer *schicken*
coquille f *Schale*

greffer *aufpfropfen*
naissain m *junge Auster*
renvoyer *zurückschicken*
étangs de Thau *große Salz-
  wasserseen bei Sète*
suspendre *aufhängen*
corde f *Seil*

surveiller *überwachen*
croissance f *Wachstum*

détacher *ablösen*
poubelle f *Kübel*

défaire *auseinandernehmen*

à la demande *auf Anfrage*

Il y a quelques années encore, la mère de Jean-Jacques vendait les coquillages sur le marché. Aujourd'hui, c'est le mareyeur qui les leur achète pour les revendre aux commerçants.

mareyeur m *Fischgroßhändler*

13

«En été, on fait les moules pour les touristes. Le procédé est le même. De temps en temps, on va à la pêche en mer pour faire la soupe de poissons. Dernièrement, on a même essayé une autre culture, la culture des huîtres plates, des gambas et des palourdes dont les naissains viennent du Japon. Les résultats sont très satisfaisants. C'est l'avenir. L'avenir, c'est aussi l'Europe de 92. Pour être compétitif, il faut se mettre aux normes européennes. On a déjà agrandi le mas, mis du nouveau carrelage ...

Ce n'est pas toujours facile. Si les coquillages sont malades, on ne peut pas les vendre, on manque d'argent. Mais mon métier, c'est ma vie.»

procédé m *Verfahren*
aller à la pêche *fischen gehen*
soupe f de poissons *Fischsuppe*

plat,e *flach*
gambas fpl *Riesengarnelen*
palourde f *Art Muschel*
satisfaisant,e *zufriedenstellend*
avenir m *Zukunft*
compétitif,ve *wettbewerbsfähig*

carrelage m *Fliesenbelag*

Souvenirs d'un artisan-maçon

Aujourd'hui, mon père s'est levé très tôt pour aller au chantier.

    chantier m *Baustelle*

Il était heureux. Le jour était à peine levé, il faisait encore frais. Le «chantier», c'est le terrain où va naître la maison. Il se trouve sur une colline où les cigales n'arrêtent pas de chanter. Cette maison qui va naître, ce n'est pas la sienne. La sienne, il l'a construite il y a des années déjà et il l'habite. Ce sera la maison de ma sœur, mariée depuis trois ans. D'ailleurs mon père travaille avec son beau-fils, presque comme au bon vieux temps...

    terrain m *Gelände, Grundstück*
    colline f *Hügel*
    cigale f *Zikade*

    beau-fils m *Schwiegersohn*

Autrefois, il travaillait en effet avec son père. Ils étaient artisans-maçons. Ils avaient une petite entreprise.

    artisan m *Handwerker*
    maçon m *Maurer*

Il en a des souvenirs! Quand mon père raconte l'histoire du chat par exemple, ses yeux brillent d'émotion. Un chat avait l'habitude de venir faire ses besoins dans la caisse qui servait à préparer le plâtre. Tous les matins, quel travail! Il fallait nettoyer la caisse. Plus le temps passait et plus mon père haïssait cette bête. Un jour que le chat s'approchait de la caisse, il l'a attrapé et l'a jeté dans le plâtre. En quelques secondes, le chat n'était plus qu'une statue blanchâtre. Mon père était très content de sa vengeance et espérait que le chat en tirerait une leçon à tout jamais. La propriétaire du chat, elle, était moins contente et n'a pas cru à la version de mon père. La vengeance s'est retournée contre la

    chat m *Katze*
    briller d'émotion *vor Aufregung glänzen*
    faire ses besoins *seine Notdurft verrichten*
    caisse f *Kiste*
    plâtre m *Gips*
    nettoyer *reinigen*

    haïr *hassen*

    jeter *werfen*

    blanchâtre *weißlich*
    vengeance f *Rache*

    propriétaire m/f *Besitzer(in)*

vengeance et mon père a été renvoyé du chantier.

Il se souvient aussi avec émotion de «sa» première maison. Oh, elle n'était pas à lui, mais c'était quand même un peu la sienne. Il l'avait faite de ses mains, avec tout son cœur et il avait été si heureux le jour où elle avait été terminée. C'était une sorte de satisfaction intérieure, un cadeau que l'on se fait à soi-même.

Au début, il était manœuvre. Il a appris le métier sur le tas, comme on dit, en observant son père et en suivant ses conseils. En tant que manœuvre, il portait les pierres et faisait du ciment pour les ouvriers. Le métier de maçon était dur, très dur; à l'époque, il n'y avait pas de machines, tout se faisait manuellement. Il n'y avait pas de bétonnière pour faire le béton par exemple, ce sont les hommes qui le fabriquaient à la force de leurs bras. Etre artisan-maçon, cela voulait dire faire la maison toute entière, des fondations au toit. L'artisan-maçon faisait jusqu'à l'intérieur de la maison.

Avant, on chantait toute la journée sur les chantiers, par amour du travail. Aujourd'hui, ce n'est pas pareil. Il n'y a plus la même atmosphère. Les maisons poussent comme des champignons, la maison «Phénix» a remplacé la maison traditionnelle. Notre société n'a plus de temps, c'est la rentabilité qui compte. A chaque génération sa technique!

Puis mon père a travaillé comme ouvrier. Son métier, c'était une partie de sa jeunesse, sa vie et sa passion.

renvoyer *entlassen*

satisfaction f *Befriedigung*

manœuvre m *Hilfsarbeiter*
sur le tas *bei der Arbeit*

conseil m *Rat*
en tant que *als*
ciment m *Zement*
ouvrier m *Arbeiter*

bétonnière f *Betonmischma-schine*

fondations fpl *Grundmauern*
toit m *Dach*
jusqu'à *bis hin zu*

maison f «Phénix» *Fertig-haus*

rentabilité f *Rentabilität*

C'était une tâche noble, fabriquer un véritable foyer pour des générations et des générations. Pourtant il n'a pas eu le courage de continuer dans le métier quand son père est mort. Ce fut la fin pour lui. Non, il n'a jamais perdu la foi, il est heureux sur le nouveau chantier. Mais son père n'était plus là et le ciment n'avait plus la même odeur ni la même couleur.

tâche f *Aufgabe*
foyer m *Heim*

perdre la foi *den Glauben verlieren*

odeur f *Geruch*

Instit

Je m'appelle André Reiss, j'ai bientôt 28 ans. Je vis à Lyon. Je n'habite plus chez mes parents depuis maintenant dix ans. Je suis parti assez jeune et je vis seul depuis quelques années.

Après le baccalauréat, il a fallu que je choisisse une formation. Je me suis engagé dans cette profession parce qu'elle se rapprochait le plus de ce que j'avais envie de faire. Au début, je n'y croyais pas beaucoup, c'est venu peu à peu. Puis je m'y suis vraiment intéressé. Par contre, je sais déjà maintenant que je n'exercerai pas ce métier toute ma vie.

Ce qui est intéressant dans ce métier, c'est que l'on n'apprend pas seulement à l'élève à parler, à lire et à écrire, mais que l'on est aussi là pour former un peu sa personnalité. On peut essayer de favoriser des rapports humains différents de ceux qui se vivent habituellement dans la société. On peut essayer de les rendre plus amicaux. On peut influencer le comportement quotidien de l'élève. Un enfant sent très bien si on est vrai ou faux. Etre en quelque sorte un exemple, dans un groupe ou dans une relation, cela peut être intéressant. Les élèves m'apportent beaucoup. Ils m'obligent à me questionner en permanence.

Il y a deux ans, j'étais instituteur dans une école assez traditionnelle où j'ai vraiment beaucoup travaillé. Je me levais très tôt le matin, à 4 heures,

instit [ɛ̃stit] *Volksschullehrer*

baccalauréat m *Abitur*
il a fallu que *ich mußte*
choisir *wählen*
formation f *Ausbildung*
se rapprocher s. *annähern*

par contre *andererseits*
exercer *ausüben*

rapports mpl humains *zwischenmenschliche Beziehungen*
habituellement *normalerweise*
société f *Gesellschaft*
amical,e *freundschaftlich*
comportement m quotidien *Alltagsverhalten*

relation f *Beziehung*

apporter *bringen*

j'allais courir d'abord et puis je me préparais et je faisais le trajet. J'arrivais à l'école vers 7 h 30, je commençais à préparer le travail et puis l'école commençait à 8 h 30. Elle durait jusqu'à 11 h 30. Je restais à l'école pendant la pause de midi. Je mangeais et puis je continuais à travailler. L'après-midi, j'étais avec les élèves de 13 h 30 à 16 h 30. Je faisais l'étude après avec les enfants qui rentraient seulement le soir. Faire l'étude, c'est garder et organiser le temps des enfants qui restent après l'école parce que leurs parents ne viennent pas les chercher tout de suite. Et là, c'était une étude au cours de laquelle je m'occupais tout particulièrement des enfants qui avaient des difficultés. Cela durait jusqu'à 18 h 30 et souvent beaucoup plus tard. C'était vraiment un investissement profond. A la fin, c'était très dur.

En France, ce sont les instituteurs qui ont la plus grande espérance de vie. Mais c'est aussi parmi eux que l'on recrute le plus de gens qui ont des problèmes psychologiques.

trajet m *Fahrt*

durer *dauern*

midi m *Mittag*

garder *beaufsichtigen*

au cours de laquelle *während derer*
particulièrement *besonders*

investissement m *Investition*
profond,e *tief, groß*

espérance f de vie *Lebenserwartung*

Une vie pas comme les autres

Gilbert a 23 ans. Sa mère est française, son père d'origine sénégalaise. Gilbert est né à Moulins, en plein centre de la France. Il vit à Vichy. Il a passé cinq ans au Sénégal, de cinq à dix ans. Il fait 1,82 m, il a un look «rasta»: Gilbert a de longues nattes, un teint métisse - café au lait, comme on dit en France -, un visage aux traits fins. Il est beau garçon. Gilbert parle de sa famille:

natte f *Zopf*

trait m (*Gesichts*)*Zug*
beau garçon m *ein hübscher Bursche*

«J'ai une demi-sœur et deux demi-frères. Je vis avec ma mère - elle a 64 ans - qui est à la retraite. Mon père est décédé depuis quelques années déjà, à l'âge de 48 ans. Il avait la maladie de Parkinson. On pense qu'elle est venue à la suite d'un très grand choc dans un accident de voiture. C'est pourquoi j'ai une vision bouddhiste des choses. Je fais du yoga. Mon père était professeur de français. Quand il est mort, j'avais 13 ans.

être à la retraite *in Rente sein*
décédé,e *verstorben*

Ma famille, au niveau de ma vie en France, c'est mon rapport avec ma mère. Nous vivons sous le même toit. Dans le contexte africain, ma famille, ce sont plus de cent oncles et tantes. Mon grand-père avait sept femmes, mon arrière-grand-père en avait onze. Donc la notion de famille est pour moi plus large que pour d'autres Français. D'ailleurs je ne connais pas tous mes oncles et toutes mes tantes.

rapport m *Beziehung*
toit m *Dach*
contexte m *Zusammenhang*; *Ebene*

notion f *Begriff*
large *weit*

Je ne pense pas me marier de manière civile ou religieuse parce que j'ai quelque tendance portée à la polygamie. De toute façon, je suis partisan de l'union libre. Elle permet d'être réellement libre, sans contrainte au niveau administratif et juridique. Je suis contre la sacralisation et schématisation programmées par les lois du mariage. Je n'aime pas les normes. Les jeunes se marient de plus en plus tard et surtout après une longue expérience de vie commune avant le mariage. Je vois beaucoup de jeunes qui vivent ensemble, qui ont des enfants ensemble sans se marier, même après la venue du premier enfant.»

union f libre *Ehe ohne Trauschein*
contrainte f *Zwang*
administratif,ve *behördlich*
juridique *rechtlich*
loi f *Gesetz*

commun,e *gemeinsam*

Gilbert en parle avec sa mère, bien sûr, mais elle pense que son fils est encore assez jeune et qu'il fera comme tout le monde plus tard. Elle croit que Gilbert rentrera dans ce qu'elle appelle le droit chemin.

chemin m *Weg*

Le fils s'entend bien avec sa mère.

«Seulement sur le plan économique, il y a parfois des problèmes. J'ai un certain désintéressement par rapport au travail salarié.»

sur le plan économique *im finanziellen Bereich*

salarié,e *entlohnt, bezahlt*

En ce qui concerne l'argent de poche, Gilbert a entre 300 et 500 francs par mois à sa disposition.

Le refus des normes se traduit dans la vie quotidienne de Gilbert:

refus m *Ablehnung*
vie f quotidienne *Alltagsleben*

«Je me lève tard le matin, en général vers dix, onze heures, suivant les saisons et aussi suivant les heures auxquelles je me suis couché, parce qu'il m'arrive de me coucher assez tard dans la nuit. J'essaie de me lever sereinement et calmement avant de prendre un petit déjeuner: un bon chocolat au lait, une demi-baguette avec du beurre et un jus de fruit. Je suis

suivant *je nach*

sereinement *heiter*
calmement *ruhig*

un grand amateur de chocolat. Je ne mange pas à midi. Le soir, en rentrant, je mange du taboulé , c'est une salade composée: une semoule de maïs, de la menthe, des morceaux de tomates, du thon. Je prépare les repas moi-même. Après le petit déjeuner, je choisis les lieux de rencontre et les personnes avec qui je pourrais communiquer pour une certaine durée pendant la journée. La principale satisfaction que j'ai dans la vie, c'est la communication. J'ai d'ailleurs une formation d'animateur pour des jeunes enfants, pour des personnes âgées, des personnes handicapées mentales et physiques.»

Gilbert se plaît à Vichy. Il aime son climat, les différents paysages autour, les plaines, les montagnes, les rivières et surtout les gens qu'il rencontre, avec lesquels il parle. Il aimerait vivre à Paris, mais ... «Paris est une ville cosmopolite où l'on peut rencontrer une société multiraciale avec différentes origines culturelles. J'aimerais y vivre, mais pas très longtemps. Seulement pendant de courts séjours et sans aucune activité professionnelle qui me limiterait dans mes rencontres.»

Gilbert sait très bien qu'il a de la chance: «Oui, je suis privilégié. Je n'ai pas à travailler pour manger, je bénéficie d'un logement confortable, avec de la musique, une télévision, un chauffage moderne. Mais j'essaie en même temps de me détacher de tous ces objets de consommation.»

Est-ce que Gilbert se trouve different par rapport aux Français qui

amateur m *Freund*

semoule f *Gries*
menthe f *Minze*
thon m *Thunfisch*

lieu m *Ort*

durée f *Dauer*

formation f *Ausbildung*

handicapé,e *behindert*

paysage m *Landschaft*
plaine f *Ebene*

multiracial,e *gemischtras-sisch*

court séjour m *kurzer Aufenthalt*
limiter *einengen*

bénéficier de qc. *etw. zur Verfügung haben*

se détacher *s. lösen*

par rapport à *im Vergleich mit*

l'entourent? «Je me sens différent dans le sens où je suis anticonformiste, mais pas différent dans le sens où nous vivons dans le même pays et dans un environnement plaisant, ou déplaisant pour certains. On me fait des remarques parfois désagréables. J'ai deux cultures, cela est visible. Le racisme se traduit aussi dans le regard des gens.» Non, il ne se considère pas comme marginal. Pour lui, la nation en tant que territoire n'a pas d'importance. Il rêve d'un monde sans frontières. Gilbert, fils d'une mère française et d'un père sénégalais, aimerait avoir des enfants. Plus tard.

entourer *umgeben*
se sentir *s. fühlen*

environnement m *Umgebung*
plaisant ,e *angenehm*

marginal m *Außenseiter*
en tant que *als*

rêver *träumen*
frontière f *Grenze*

Une vie plutôt classique

Je m'appelle Christophe Landau. J'ai
25 ans. Depuis six mois, j'habite à Maringues, un petit village entre Cler-
mont-Ferrand et Vichy. J'ai une sœur,
elle vient d'avoir 22 ans, elle est mi-
gnonne. Mes parents sont divorcés.
Ma mère habite dans le Jura et mon
père à Clermont. On se voit de temps
en temps, on se passe un coup de fil, on
s'écrit, on s'entend bien.

mignon,ne *niedlich, süß*
divorcé,e *geschieden*

se passer un coup de fil
s. anrufen

J'aime le sport. Ces derniers temps,
je n'étais pas bien, alors j'essaie de me
remettre un peu en forme. Je fais du
kayak tous les après-midis, aussi pour
perdre des kilos. Je fais un peu de vélo,
l'hiver. J'aime la lecture, je bouquine
assez souvent. Ça fait du bien. J'ai une
vie très classique, pas encore très origi-
nale, peut-être que ça viendra.

faire du vélo *radfahren*
bouquiner *schmökern*

Je suis cuisinier.

cuisinier m *Koch*

J'ai quitté l'école à 18 ans avec un
C.A.P. C'est un petit brevet, le mini-
mum, quoi. J'ai travaillé à Paris, à
Fréjus, dans les Alpes, à Clermont-
Ferrand, un peu partout. Dans ce
métier, on est obligé de bouger. Si on
reste un an dans la même boutique, on
n'évolue plus. Moi, je n'aime pas la
routine. Je suis encore jeune. J'ai besoin de voir plusieurs maisons, de
changer de ville pour voir ce qui se
passe ailleurs. On ne peut pas rester au
même niveau, sinon on arrête tout et
puis on change de boulot. Si je pou-
vais, je travaillerais à l'étranger. Je suis
devenu cuisinier parce que cela me

C.A.P. = certificat d'aptitu-
de professionnelle *Berufs-*
schulzeugnis

bouger *mobil sein*
boutique F *Laden*
évoluer *s. entwickeln*

boulot m F *Arbeit*

plaisait. Ça m'a toujours plu. J'étais manuel, je voulais faire quelque chose de manuel. C'est un métier créatif. Si on veut évoluer, on peut évoluer. On peut faire de la bonne cuisine et en plus on peut apprendre à découvrir, apprendre à faire des trucs pas mal, mais il faut le vouloir. Il y a des gens qui passent leur vie dans des cafétérias. Moi, ça ne m'intéresse pas.

Je travaille actuellement à Vichy parce que ... c'est saisonnier. Il y a du boulot. Je travaille dans l'hôtel de la Paix - 90 chambres - depuis le 15 mai et ça se terminera fin septembre. Après? L'aventure. Les Alpes, peut-être, si je ne trouve rien ici. Je partirai avec

plaire *gefallen*
manuel,le *handwerklich (begabt)*

des trucs pas mal F *gute Sachen*

saisonnier *saisonbedingt*

aventure f *Abenteuer*

ma copine dans les Alpes. On y fera une saison. Ma copine est aussi dans le métier.

Je me lève à 7 heures le matin. Je ne prends pas de petit déjeuner. Je devrais manger, mais je n'ai pas le temps. Je bois seulement un café, puis c'est la course pour aller au boulot. J'attaque à 8 heures, on fait la mise en place pour midi. On fait une centaine de couverts. Il n'y a pas beaucoup de monde en ce moment. On change de repas tous les jours. On est cinq. Il y a le chef, je suis le second, il y a trois stagiaires, des jeunes qui viennent pour apprendre. A 13 h 30, je finis et je rattaque le soir à 17 h 30 jusqu'à 21 heures. Je travaille le samedi et le dimanche. J'ai une soirée libre tous les 15 jours. Je gagne 7000 francs net.

Ma copine s'appelle Brigitte. Elle travaille dans un restaurant-gastro. Elle est au bar. Elle fait les apéritifs et la caisse. On se voit rarement. Quand je me lève, elle est au lit. Elle travaille la nuit, c'est ça qui est pénible. On n'a pas du tout les mêmes horaires. On est bien obligés de faire comme ça. Pour le moment, il n'y a pas d'autre solution. Après le mois de septembre, on verra.

Je la connais depuis dix ans. On vit ensemble depuis six ans. Quand on s'est connus, j'avais 16 ans, Brigitte en avait 15. Puis après, on a fait notre vie chacun de son côté. Moi, j'étais à Paris et Brigitte dans le Cantal. On s'est retrouvés trois ans plus tard. On a pris un appartement. On vient de s'acheter une maison à Maringues. On est soudés, quoi.

copain, copine *Freund(in)*

métier m *Beruf*

attaquer F *beginnen*
mise f en place *Vorbereitung*
centaine f *etwa hundert*
couvert m *Gedeck*

stagiaire m *Praktikant*

net *netto*

gastro = gastronomique *gutes Restaurant*

horaire m *Stundenplan*

Cantal m *Departement in Zentralfrankreich*

soudé,e *fest verbunden*

Nous vivons en union libre. L'union libre, ça veut dire ce que ça veut dire. Il y a des gens qui se marient et qui se trompent. Il y a des gens qui vivent en union libre et qui se trompent aussi. C'est pareil, ça ne change rien. Le mariage, je n'y crois pas parce que c'est un truc officiel, c'est du papier. Le divorce est une histoire de fric. Le mariage, c'est vrai, c'est beau, c'est le super-truc, on est mariés pour la vie. Mais nous, on est bien comme ça, c'est une question de confiance. Brigitte et moi, nous avons les mêmes idées là-dessus.

On aimerait avoir, plus tard, deux enfants. Mais on ne se mariera pas. On continuera à vivre de cette façon. Il n'y a aucune raison de changer son mode de vie. Un enfant ne changera rien. Quant au nom, on lui donnera celui de Brigitte, le mien ou peut-être nos deux noms. Le gosse ne sera pas traumatisé pour cela.

Dans mon entourage, il y a des gens qui se marient. Il y a dix ans, ils disaient, «Oh, le mariage, ne m'en parle pas!» Mais en fait, ils se marient maintenant. Le mariage devient à la mode. C'est bizarre. C'est comme les gens qui voulaient vivre à la campagne, ensuite en ville, après de nouveau à la campagne. Ça revient, ça part, ça revient. Le mariage, c'est pareil.

Je suis fidèle, Brigitte également. De ce côté-là, ça va, c'est bien cool. Il y a un feeling qui passe entre nous, c'est bien, c'est pas bidon. C'est solide. On se connaît. Quand il y a quelque chose, on se le dit. Cest sérieux.

union f libre *Ehe ohne Trauschein*

tromper *betrügen*

pareil,le *gleich*

fric m F *Moneten*

confiance f *Vertrauen*

gosse m/f F *Kind*

entourage m *Umgebung*

fidèle *treu*

c'est pas bidon P *das ist echt*

Ça fait longtemps que l'union libre est entrée dans les mœurs. Ça fait quand même une bonne quinzaine d'années que les gens sont plus ou moins mariés sans l'être vraiment. Mes parents l'acceptent. Pour bénéficier de certains avantages ou allocations, on a besoin d'un certificat de concubinage. Il faut deux témoins. Mes parents ont été les témoins pour le truc à la mairie. D'ailleurs, ma sœur vit aussi en union libre. J'aime voyager. Quand je rentre d'un autre pays, je suis content de rentrer en France, mais sans l'être vraiment. Je ne sais pas. Je me dis: en France c'est beau, mais il n'y a pas tout ce qu'on voudrait. Mais fier d'être français? Pas du tout. Je serais d'un autre pays, ce serait pareil. On s'habitue à sa nationalité. Je ne vibre pas quand j'entends la Marseillaise. La Marseillaise avec la musique de Serge Gainsbourg en reggae, oui, ça passe, mais la Marseillaise classique? Non. Ma génération est complètement «je-m'en-foutiste» de ce côté-là. Quand je vois le cirque qu'on fait le 14 juillet sur la Révolution, je suis terrorisé, vraiment terrorisé. Les jeunes sont de moins en moins racistes. Heureusement. On s'ouvre de plus en plus à tout ce qui est étranger, même s'il y a des gens qui flippent encore. On vit l'ouverture. Là, je suis optimiste.

mœurs fpl *Sitten*
quinzaine f *etwa fünfzehn*

bénéficier *ausnutzen*
avantage m *Vorteil*
allocation f *Zuschuß*
concubinage m *„wilde Ehe"*

témoin m *Zeuge*

fier, fière *stolz*

Serge Gainsbourg *Popsänger*

«je-m'en-foutiste» P *„null Bock"*

flipper P *ausrasten*

Images d'aujourd'hui

A la terrasse d'un café

Il est cinq heures. Il fait très chaud. Elle s'installe à la terrasse d'un café. Sur la petite table de marbre ronde à un pied, il y a un cendrier et une carte «Palette des Glaces». Elle regarde autour d'elle. A sa gauche, elle voit, au mur, le tarif des consommations: express, crème, thé, chocolat, lait, jus de fruits, bière ...

«Madame?» Le garçon l'interrompt. «Un schweppes, avec des glaçons, s'il vous plaît.» Le garçon arrange les deux chaises autour de la table et la débarrasse des verres qui y sont restés. Elle n'a pas envie de parler, c'est pourquoi elle a choisi la seule table qui était libre.

Des touristes français et étrangers sont assis aux autres tables. Ils écrivent des cartes postales, regardent des prospectus, lisent des guides, rechargent leurs appareils photographiques, comptent leurs pièces de monnaie. Les touristes étrangers se posent la question: Comment on dit pour appeler le garçon, un monsieur d'une cinquantaine d'années? Garçon? Monsieur? On lève la main, on fait signe au garçon et on passe sa commande.

Il y a aussi des habitués. On les reconnaît à leur façon de parler au garçon ou au patron qui les écoutent sans répliquer. Ils lisent le journal, commentent les nouvelles, discutent des résultats du tiercé, assis sur leurs chaises, toujours à la même heure.

cendrier m *Aschenbecher*

crème = café-crème

interrompre *unterbrechen*

glaçon m *Eiswürfel*

débarrasser *abräumen*
verre m *Glas*
avoir envie (f) *Lust haben*

compter *zählen*

cinquantaine f *etwa fünfzig*

lever la main *die Hand heben*
passer sa commande *seine Bestellung aufgeben*
habitué m *Stammgast*

répliquer *antworten*
nouvelles f pl *Neuigkeiten, Nachrichten*
tiercé m *Dreierwette*

Des gens pressés boivent leur café ou leur verre de rouge au comptoir. «Bonjour.» «Au revoir.» C'est tout ce qu'ils disent. Ils disparaissent comme ils sont venus, très vite.

Il y a des messieurs et des dames bien habillés de tout âge, des jeunes en jeans, attirés par deux flippers installés au fond du café. La clientèle dépend beaucoup du moment de la journée.

La jeune femme remarque tout cela sans y prêter vraiment attention. Elle se sent à l'aise. Un homme vient s'asseoir à sa table, après lui avoir demandé: «Excusez-moi, madame, c'est libre?» et sans attendre sa réponse. Elle regarde devant elle. Les gens passent. Quelques-uns s'arrêtent, se retournent, jettent un regard furtif sur les gens assis à la terrrasse du café pour voir si des amis s'y trouvent. «Bonjour, ça va? Les vacances, c'est pour quand? On se téléphone! Allez, au revoir. A la prochaine!» Cela ne dure pas longtemps, trente secondes peut-être, mais cela se répète souvent. D'autres arrivent, cherchent une place. Ils vont même à l'intérieur où une musique venant du juke-box couvre le bruit des conversations. Un couple parle à voix basse en échangeant des gestes tendres. D'autres encore reconnaissent des amis dans la rue, devant le café; ils les appellent, les invitent à prendre un pot pour parler de ce qu'ils ont fait les temps derniers, ils parlent de leurs vacances, de leurs achats, de leurs dernières aventures. «C'est quand, son anniversaire? Tu lui feras un cadeau?» «Non, vraiment, je n'ai

pressé,e *eilig*
comptoir m *Theke*

disparaître *verschwinden*

attirer *anziehen*
clientèle f *Kundschaft*

prêter attention à *Aufmerksamkeit schenken*
se sentir à l'aise *s. wohlfühlen*

jeter un regard furtif *einen flüchtigen Blick werfen*

à la prochaine *bis zum nächsten Mal*

couvrir *übertönen*
bruit m *Geräusch*
échanger *austauschen*
tendre *zärtlich*

prendre un pot *einen trinken*

aventure f *Abenteuer*

cadeau m *Geschenk*

pas aimé ce film!» «On y mange bien et ce n'est pas cher du tout. Tiens, on y dîne ensemble la semaine prochaine?» «Vous avez des projets pour ce soir?» «Non, non, ne m'attendez pas pour dîner, je viendrai seulement au café.» «Alors, dans deux jours, ici même, vers seize heures, ça vous va?»

projet m *Vorhaben*

Le garçon pose le schweppes sur la table et remplit le verre à moitié. «Merci.» Il met le ticket de caisse sous la bouteille. Il y a du vent.

remplir à moitié *zur Hälfte füllen*

vent m *Wind*

Combien de temps reste-t-elle ainsi à regarder, à observer, à écouter et même à rêver, le verre à la main? Elle l'approche de son visage, la fraîcheur des glaçons fait du bien.

rêver *träumen*
fraîcheur f *Kühle*

Elle regarde sa montre. Il est six heures. Dans la rue, les bruits augmentent. L'odeur des gaz d'échappement se mêle à celle des hot-dogs, des sandwiches et des croque-monsieur. Elle met l'argent sur la table. Elle se lève. Quelques secondes plus tard, elle fait partie des gens qui continuent leur chemin. C'est sur elle maintenant que se posent les regards des gens assis à la terrasse des cafés.

augmenter *stärker werden*
odeur f *Geruch*
gaz m d'échappement *Auspuffgas*
se mêler *s. vermischen*
croque-monsieur m *Schinken-Käse-Toast*

chemin m *Weg*

Le café: vitrine sur la vie, ouverture sur le monde. Service compris.

vitrine f *Schaufenster*

Vous avez dit loisirs?

A quelles activités vous livrez-vous pendant vos loisirs? Etudes, lecture, bricolage, dessin? Où rencontrez-vous vos amis? Que faites-vous le week-end? Vous sortez avec des copains? Vous restez en famille? Pratiquez-vous un sport? Quelles émissions de télévision regardez-vous?

En moyenne, un adulte actif dispose d'environ 15 000 heures de loisir par an. Le temps libre est aujourd'hui près de trois fois plus important dans une vie que le temps de travail. On parle de plus en plus souvent d'une «industrie» des loisirs.

Les Français passent 40 % de leur temps libre à regarder la télévision. Mais est-ce que la pratique de la télé est vraiment perçue comme un loisir? «Qu'est-ce que tu fais ce soir? - Moi? Rien, je regarde la télé.»

Le sport tient une place de plus en plus importante dans la vie des Français. Une grande majorité se livre à une activité physique plus ou moins régulière. Il faut distinguer le sport de loisir et le sport de compétition. L'attrait pour la compétition sportive se manifeste surtout devant le poste de télévision. Presque la moitié des Français suivent des émissions sportives à la télé. Dans le «hit-parade» des sports, le football n'arrive qu'à la neuvième place des sports les plus courants. Voici le classement des sports selon leur taux de pratique: culture

se livrer *s. widmen*
loisirs mpl *Freizeit*
bricolage m *Basteln*
dessin m *Zeichnen*
copain m F *Freund*

émission f de télévision *Fernsehsendung*

en moyenne *im Durchschnitt*
adulte m *Erwachsener*
actif,ve *berufstätig*
environ *ungefähr*

être perçu comme *gesehen werden als*
loisir m *Freizeitbeschäftigung*

majorité f *Mehrheit*
physique *körperlich*
distinguer *unterscheiden*
compétition f *Wettkampf*
attrait m *Anziehung*

courant,e *gängig*

taux m *Prozentsatz, Anteil*

physique, marche, natation, vélo, tennis, course à pied, ski alpin, baignade et jeux dans l'eau, football, planche à voile, tennis de table, etc. Le golf est le vingtième sport pratiqué en France.

Phénomène intéressant, mais pas étonnant: les sports individuels prennent le pas sur les sports collectifs. Le body-building est à la mode, le culte de la forme, de la remise en forme semble être à la base de ce loisir moderne.

culture f physique *Gymnastik*
natation f *Schwimmen*
vélo m *Radfahren*
baignade f *Baden*
planche f à voile *Windsurfen*

étonnant,e *verwunderlich*
prendre le pas sur *übertreffen*

sembler *scheinen*

A cause de la peur du vieillissement et de la mort? Le jogging et l'aérobic perdent de leur prestige. Les Français semblent être beaucoup plus attirés par le «sport-plaisir» que par le «sport-souffrance». Le sport comme reflet de notre société?

Le foyer devient un véritable centre de loisirs. La télévision, le magnétoscope, le minitel, la chaîne hi-fi et les disques-laser offrent des alternatives moins coûteuses que les sorties (spectacles, théâtre, cinéma). Un nombre croissant de Français préfèrent les activités qui se pratiquent à la maison. «La maison est devenue la première salle de spectacle, le plus grand centre culturel. Dans le budget que les Français consacrent à leurs loisirs, 70 % des dépenses vont aux «loisirs du dedans».» (Bernard Préel)

Si vous aviez à choisir entre plus de temps libre et moins de travail, ou plus d'argent mais moins de temps libre, quel serait votre choix? D'après les sondages, les Français choisissent l'argent.

peur f *Angst*
vieillissement m *Altern*
mort f *Tod*

souffrance f *Leiden*

foyer m *Heim*
magnétoscope m *Videorecorder*
minitel m *Btx, Bildschirmtext*
disque-laser m *CD, Compact-Disc*
coûteux, coûteuse *kostspielig*
croissant,e *wachsend*

consacrer *widmen*
dépense f *Ausgabe*
du dedans *häuslich*

sondage m *Umfrage*

Les vacances de Monsieur H.

Il a entre 30 et 39 ans. Il est marié, il a deux enfants, il habite Paris ou la banlieue parisienne. Il peut exercer toutes les professions, mais il n'est ni exploitant ni salarié agricole. Il prend un congé de 24 jours environ en été et 14 jours en hiver. Au mois d'août, il part avec sa famille en voiture, à la mer. S'il n'habite pas chez des parents, il fait du camping ou il loue un appartement. Il dépense pour les vacances un salaire mensuel. Il reste, bien sûr, en France, sa «douce France»; il ne fait pas partie de ceux qui passent leurs vacances à l'étranger, comme le font plus de la moitié des vacanciers allemands, belges et hollandais.

Pour Monsieur H., les vraies vacances sont donc celles de l'été, y compris farniente, bronzage, gastronomie, fêtes, bouchons, restaurants et plages surpeuplés. Vous avez reconnu le portrait-robot du Français en vacances?

Un autre portrait-robot du vacancier français se dessine à l'horizon: Il partira moins longtemps et dépensera moins d'argent; il profitera des vacances pour se changer les idées, pour apprendre des choses nouvelles; il mettra plutôt l'accent sur les activités sportives et culturelles que sur le bronzage; il éprouvera le désir de s'épanouir et de s'enrichir.

Vivement les vacances!

banlieue f *Vorort*
exercer *ausüben*
exploitant m agricole *Landwirt*
salarié m agricole *landwirtschaftlicher Angestellter*
congé m *Urlaub*

parents mpl *Verwandte*
louer *mieten*
salaire m mensuel *Monatsgehalt*

l'étranger m *Ausland*
vacancier m *Urlauber*

bronzage m *Braunwerden*
gastronomie f *gutes Essen*
bouchon m *Stau*
surpeuplé,e *überfüllt*

se dessiner *s. abzeichnen*

éprouver *empfinden*
s'épanouir *s. entfalten*
s'enrichir *s. bereichern*
vivement les vacances *es leben die Ferien*

La bagnole devient voiture

A la maison, nous avons deux voitures, une Peugeot 405 et une 2 CV (deux chevaux). La 2 CV, elle était à ma sœur. Elle l'a laissée à la maison lorsqu'elle s'est mariée. La 2 CV, elle est pour la ville, la Peugeot, pour les grands trajets et pour les sorties du

bagnole f F *Auto*

trajet m *Strecke*

dimanche. La grande, c'est le jouet préféré de mon père: il la nettoie régulièrement, il la bichonne comme sa première fiancée. Ce qu'il aime, c'est d'abord son confort, puis la beauté de sa carrosserie et enfin ses performances. Comme beaucoup de Français, il préfère les modèles français, ensuite viennent les marques allemandes, grâce à leur perfectionnement technique, et enfin les italiennes.

Ce n'est qu'en 1963 - mon père avait déjà 35 ans - qu'il a eu sa première voiture avec maman. A l'époque c'était quelque chose! Pensez que seulement 30% des Français possédaient une voiture. Puis, ce fut un véritable mouvement. En 1970, un peu plus de la moitié des ménages français, 58%, possédaient une voiture. Aujourd'hui la voiture est intégrée au mode de vie des Français comme la télévision ou le réfrigérateur. 80% des ménages français ont une voiture.

Bien sûr, mon père a dû faire des économies pour acheter la Peugeot. Maman a dû renoncer à son manteau de fourrure. La voiture coûte cher de nos jours. Au prix d'achat s'ajoutent l'essence, l'assurance, la vignette et parfois aussi les réparations.

Sa dernière voiture, mon père l'a achetée d'occasion. Comme mon père, beaucoup de Français préfèrent les voitures d'occasion: il s'en vend aujourd'hui environ trois fois plus que de neuves. Les Français rêvent de belles voitures séduisantes, ils achètent des voitures économiques. L'année 1980 marque un événement important dans

jouet m préféré *Lieblings-spielzeug*
nettoyer *waschen*
bichonner *hätscheln*
fiancée f *Verlobte*

beauté f *Schönheit*
performance f *Leistung*

grâce à *wegen*

posséder *besitzen*

mouvement m *Bewegung*
ménage m *Haushalt*

mode m de vie *Lebensweise*

réfrigérateur m *Kühlschrank*

faire des économies (f) *sparen*

manteau m de fourrure *Pelzmantel*

s'ajouter *hinzukommen*
essence f *Benzin*
vignette f *Kfz-Steuermarke*
assurance f *Versicherung*

d'occasion *gebraucht*

rêver *träumen*
séduisant,e *verführerisch*
économique *wirtschaftlich*
événement m *Ereignis*

l'histoire de l'automobile française: la production de la 2CV a été arrêtée. Mon père en fut choqué. La 2 CV était plus qu'une auto, elle était un mythe, comme la DS (il faut lire «déesse»). En 1988, la bagnole est devenue voiture. Dans la même année, les Français ont dépensé 4000 francs de plus pour leur automobile que pour leur nourriture.

mythe m *Mythos*
déesse f *Göttin*

nourriture f *Nahrung*

A mon avis, sans la voiture, l'individualisme d'aujourd'hui ne serait pas ce qu'il est.

Parler chiffons

Antoinette a soixante-quinze ans, elle est retoucheuse dans un magasin d'habillement. Elle rallonge ou raccourcit des robes, des jupes, des pantalons. Elle travaille dans l'arrière-boutique du magasin, et lorsqu'elle n'a plus rien à faire, elle ouvre discrètement la porte de son arrière-boutique et regarde les femmes devant les miroirs ...

Le vêtement féminin, c'est toute sa vie. D'ailleurs, quand elle a dû arrêter de travailler à son compte, elle a bien failli mourir de chagrin. C'est sa propre fille qui lui a succédé, mais ce n'est pas la même chose ... Antoinette était couturière à Paris. Elle avait un atelier boulevard Saint-Germain, où elle fabriquait des robes, des tailleurs, des manteaux. Il y a encore cinquante ans, le prêt-à-porter n'existait pas. Les femmes cousaient leurs vêtements elles-mêmes ou se les faisaient faire par une couturière. La confection industrielle a remplacé les couturières.

«C'était un travail difficile mais passionnant et tellement beau!» Dans sa petite arrière-boutique, Antoinette a accroché au mur les photos de ses plus beaux modèles.

«La couture, c'est une sorte d'art, la couturière, une artiste», dit-elle avec fierté mais non sans mélancolie.

«Jadis, une femme était femme avant tout. Aujourd'hui, c'est presque démodé. Les femmes préfèrent s'habiller en décontracté, elles aiment les

parler chiffons F *über Klamotten reden*
magasin *m* d'habillement *Bekleidungsgeschäft*

arrière-boutique f *Hinterzimmer*

miroir m *Spiegel*

travailler à son compte *selbständig arbeiten*
a failli mourir *wäre fast gestorben*
chagrin m *Kummer*
succéder *nachfolgen*
couturière f *Schneiderin*

prêt-à-porter m *Konfektionskleidung*
coudre *nähen*

remplacer *ersetzen*

artiste m/f *Künstler(in)*
fierté f *Stolz*
jadis *einst, früher*

démodé,-e *aus der Mode*
décontracté,-e *lässig*

tenues de sport, les jeans (inventés en 1853 par le Bavarois Oskar Levi-Strauss) et les pantalons.

Autrefois, les filles de vingt ans aimaient être belles et même sophistiquées. Aujourd'hui, elles sont B. C. B. G., new-wave ou même punk. Chaque génération invente son look! Les garde-robes des femmes et des hommes se rapprochent de plus en plus.»

Antoinette en a les larmes aux yeux... Les temps changent, les métiers aussi. Sa fille a grandi dans l'atelier de sa mère au milieu des tissus et des patrons, des bustes et des épingles. Puis elle s'est presque automatiquement adaptée aux données de la vie moderne. Elle a transformé le petit atelier de couture en une boutique de prêt-à-porter. Les femmes sont devenues les principales clientes du prêt-à-porter. L'acheteuse typique est une femme de 30 à 40 ans, Parisienne, exerçant une profession de cadre ou d'employé, mariée, célibataire ou divorcée. Mais les «bonnes clientes» restent les épouses inactives des patrons de l'entreprise ou du commerce.

En général, les clientes essaient de profiter des soldes, des dépôts-ventes, des discounters etc. Elles dépensent beaucoup moins d'argent pour les vêtements. Cependant elles restent toujours bien habillées. Elles créent leur propre style en combinant les mêmes articles de plusieurs façons.»

C'est tout à fait vrai. Depuis le début des années 80, les Français dépensent de moins en moins d'argent

inventer *erfinden*

sophistiqué,-e *raffiniert-elegant*
B.C.B.G. = bon chic bon genre, *klassisch-elegant*

les larmes aux yeux *Tränen in den Augen*

tissu m *Stoff*
épingle f *Nadel*

donnée f *Gegebenheit*

exercer *ausüben*
cadre m *Führungskraft*
célibataire *ledig*
divorcé,-e *geschieden*
épouse f *Gattin*
inactif,-ve *nicht berufstätig*
entreprise f *Unternehmen*
commerce m *Handel*
soldes mpl *Schlußverkauf*
dépôt-vente m *Räumungsverkauf*
dépenser *ausgeben*

pour leur habillement. Pourquoi? Antoinette ni même sa fille ne savent pas expliquer ce phénomène que l'on retrouve d'ailleurs dans tous les pays européens.

Le point commun entre Antoinette et sa fille? Les chiffons! Elles vont régulièrement admirer les présentations des collections des grands couturiers au début de chaque saison.

présentation f des collections
Modenschau

Antoinette a toujours rêvé de travailler avec les grands couturiers, avec Dior, Chanel, Saint-Laurent ou Courrèges, de toucher les tissus soyeux aux couleurs chatoyantes, de voir ensuite «ses» robes défiler sur les mannequins. Quant à sa fille, elle sait que ces vêtements sont des objets de luxe qui sont principalement achetés par les étrangers et valent à la France sa renommée internationale. En effet, beaucoup d'étrangers connaissent la France mieux à travers Dior, Chanel, Saint-Laurent que par sa production technique.

toucher *anfassen*
soyeux, -se *seidig*
chatoyant,e *schillernd*

valoir *verschaffen*

Une femme de trente ans

Jacqueline, 31 ans, est mère de famille
et «femme ·au travail», comme plus de
60 % des femmes françaises d'aujourd'hui. Elles ont tout: un métier, un
mari, des enfants. Oui, elles ont tout,
sauf du temps. Elles se dépêchent, elles
courent, leur emploi du temps est réglé
comme les horaires du TGV. Elles
s'organisent pour réussir à tout faire.

sauf *außer*
emploi m du temps *Stunden-*
  plan
TGV train à grande vitesse
réussir *etw. schaffen*

«Je me lève à 6 h 30. Je prends ma douche en vitesse; ensuite préparation des petits déjeuners. Mon mari se lève à 7 heures; mes enfants se lèvent à 7 h 15. Je les fais manger et je les conduis à l'école. Vers 9 heures, j'arrive au bureau. Mon mari va chercher les enfants à l'école à 16 h 30. Je rentre vers 19 heures. Préparation du dîner. Heureusement, il y a les plats surgelés. Ce n'est que le dimanche que l'on peut prendre un vrai repas en famille. Malgré le progrès - merci, Moulinex et les micro-ondes! - le ménage ne se fait pas tout seul. Mon mari participe aux travaux ménagers. De ce côté-là, il n'y a pas de problèmes. Mais le progrès technique compense à peine les pertes de temps de la vie moderne comme par exemple les embouteillages.

conduire *fahren*

surgelé,e *tiefgefroren*

malgré *trotz*
progrès m *Fortschritt*
ménage m *Haushalt*
participer *s. beteiligen*

compenser *ausgleichen*
perte f de temps *Zeitverlust*

embouteillage m *Stau*

Quand les enfants étaient plus petits, c'était dur, vraiment dur. Sans l'aide des grands-parents ... J'ai dû me battre pour pouvoir mettre mes enfants à la crèche, parce que à l'époque il n'y en avait pas assez.»

se battre *kämpfen*
crèche f *Kinderkrippe*

Rester à la maison? Il n'en est plus question.

«J'ai besoin de mon travail. Il me permet de rencontrer des gens, de garder le contact avec le monde extérieur. Le travail, même à temps partiel, est nécessaire à l'équilibre d'une femme. Par contre, il y a aussi des femmes qui se trouvent bien dans leur rôle de mère de famille. Chacune doit trouver son mode de vie. De toute façon, j'ai aussi besoin de ma paie.

travail m à temps partiel
  Teilzeitarbeit
équilibre m *Gleichgewicht*

paie f *Gehalt*

J'aime m'investir dans ma vie familiale. Si j'ai un regret, c'est de ne pas

regret m *Bedauern*

avoir assez de temps et pour moi-même et pour la famille. La double journée de travail, ce n'est pas un mythe. Il y a des moments où j'aimerais respirer, me promener ou bien tout simplement me retirer. Impossible. Je n'ai même pas le temps de lire, sauf pendant les vacances. Quand les enfants seront plus grands ...»

Des enquêtes montrent que les enfants dont les mères travaillent se débrouillent plutôt bien dans la vie. Un troisième enfant mettrait probablement fin à l'activité professionnelle de Jacqueline. En effet, seulement 35 % des mères de trois enfants continuent à avoir un emploi. Et pour cause.

mythe m *Mythos, Legende*

se retirer *s. zurückziehen*

enquête f *Untersuchung*

se débrouiller *zurechtkommen*

emploi m *Anstellung*
et pour cause *und das aus gutem Grund*

Les grandes écoles

Poursuivre des études en France, c'est ou bien mener une «vie d'étudiant» en allant à l'université qui accepte tous les bacheliers dans la limite des places disponibles, ou bien se transformer en «bête à concours» (l'expression consacrée) en préparant l'entrée dans une «grande école». Pour celui qui a fait le second choix, les perspectives de carrière sont aussi brillantes qu'elles sont garanties. Ainsi, de la même façon que l'armée recrute bon nombre de ses hauts officiers à l'Ecole de Saint-Cyr ou à l'Ecole Polytechnique, la haute administration puise ses nouvelles recrues à l'Ecole Nationale d'Administration (E.N A.), tandis que l'économie trouve ses cadres les plus performants à la sortie d'une grande école de commerce.

L'intégration à ces véritables «moules sociaux» ne se fait que par la voie du concours et exige une préparation dont la durée varie d'un an à quatre ans. L'exemple d'une de ces nombreuses écoles, l'Institut d'Etudes Politiques, me semble représentatif de l'ambiance qui caractérise la fatalité du système: l'entrée en première année met en concurrence 5000 élèves pour 500 places. Pour les 500 «élus», dont j'ai eu la chance de faire partie, un parcours difficile s'annonce. La première année prend un tour généralement assez dramatique, puisque d'une part, le directeur nous dit qu'il faudra

poursuivre des études *studieren*
mener *führen*

bachelier m *Abiturient*
limite f *Grenze*

concours m *Wettbewerb*
expression f consacrée *stehende Redensart*
grande école *Hochschule*
choix m *Wahl*

puiser *schöpfen*
recrue f *Zuwachs, Neuzugang*
tandis que *während*
cadre m *Führungskraft*
performant,e *leistungsstark, tüchtig*

moule m social *Kaderschmiede*
par la voie *über den Weg*
exiger *erfordern*

ambiance f *Atmosphäre*

élu *Auserwählter*

parcours m *Wegstrecke*
prendre un tour *einen Verlauf nehmen*

travailler beaucoup pour ne pas tomber dans les «ténèbres» extérieures à la maison - chaque école se considérant comme la «maison» pour ses élèves -, mais que d'autre part nous savons qu'un tiers d'entre nous ne sera pas autorisé à passer en deuxième année. Pour ce dernier tiers, le refoulement implique le retour aux «ténèbres», c'est-à-dire l'entrée à l'université, ainsi que, généralement, la disparition de leurs noms du carnet d'adresses de la maison. Placées sous le double signe de la course au prestige et de la tension nerveuse, les années de grande école impliquent aussi des taux record de maladie mentale par la suite. Mais telle est la rançon du succès.

Ce système, militaire par certains aspects, trouve sa justification dans une double volonté, paradoxale en apparence: d'une part, l'aspiration démocratique à une égalité des chances devant le concours (mythe de la «promotion républicaine»), sous-tendue d'autre part par la volonté aristocratique de drainer de façon systématique les «élites» vers les postes majeurs. En ce sens, on peut parler, comme l'ont fait certains journalistes, d'une véritable «nomenklatura» française.

La formation d'un polytechnicien coûte environ 300 000 francs à la collectivité, celle d'un étudiant en droit revient à 100 000 francs.

tomber *fallen*
ténèbres fpl *Finsternis*
se considérer comme *s. betrachten als*

tiers m *Drittel*

refoulement m *Zurückweisung*
impliquer *einschließen*

disparition f *Verschwinden*
carnet m d'adresses *Adressenliste*

tension f *Spannung*

taux m *Prozentsatz*
maladie f mentale *Gemütskrankheit*
rançon f *Preis*

justification f *Rechtfertigung*
volonté f *Wille*
en apparence *anscheinend*
aspiration f *Streben*

promotion f *Aufstieg*
sous-tendue par *der … zugrundeliegt*
drainer *herausfiltern*
majeur,e *höher*

collectivité f *Gesellschaft*
étudiant m en droit *Jurastudent*

Profession? Sans

Sur sa fiche de candidature, elle vient d'écrire «néant». Elle lève la tête et regarde dans le vide. Elle n'est plus dans le bureau de l'A.N.P.E., elle est ailleurs, dans sa chambre d'étudiante. Il fait très chaud ce jour-là, elle attend avec impatience le facteur qui doit amener les résultats du concours pour l'enseignement. Ce soir, elle sera peut-être prof. Mais elle n'y croit pas vraiment, elle connaît les résultats avant de les recevoir. Ses professeurs lui ont déjà dit de ne pas y croire, mais comment préparer un examen sans y croire un peu, sans espérer? Elle est une candidate parmi 1300 autres. Il y a seulement cent postes de prévus pour l'allemand. Les cent meilleurs réussiront, les autres pas.

Depuis qu'elle était toute jeune, elle voulait devenir professeur, professeur d'allemand. C'est son professeur qui lui a transmis sa vocation, quelqu'un qui aimait son métier et avait envie de le faire partager. Quelquefois, lorsqu'elle est désespérée, elle dit : «C'est à cause de lui», ou bien, quand elle va mieux: «C'est grâce à lui», mais au fond, elle ne regrette rien.

Ce fut une épreuve difficile, mais une bonne leçon pour la vie. D'octobre à avril, elle a préparé le concours à la faculté de Montpellier où elle venait de terminer sa maîtrise d'allemand. Là, ils étaient une quinzaine à se présenter au C.A.P.E.S. et à l'agré-

fiche f de candidature *Bewerbungsformular*
néant *nichts, kein/e/r*

A.N.P.E. *Arbeitsamt*
ailleurs *anderswo*

facteur m *Briefträger*
 amener *bringen*
concours m *Wettbewerb*

recevoir *erhalten*

parmi *unter*
prévu,e *vorgesehen*
meilleur,e *Beste/r*
réussir *bestehen*

vocation f *Berufung*
métier m *Beruf*
avoir envie (f) *Lust haben*
partager *teilen*
désespéré,e *verzweifelt*
à cause de *wegen*
grâce à *dank*
au fond *im Grunde*
épreuve f *Prüfung*

maîtrise f *Magistergrad*
quinzaine f *etwa fünfzehn*
C.A.P.E.S. *2. Staatsexamen*

gation, deux concours qui ouvrent les portes de l'enseignement. Malgré la concurrence - les places sont chères -, ils se sont entraidés jusqu'au bout. Dans la classe, il y avait une ambiance formidable. C'est d'ailleurs là qu'elle a fait la connaissance de Valérie, sa meilleure amie. Elles ont travaillé toutes les deux côte à côte, se soutenant moralement. Quelquefois, quand elles n'en pouvaient plus, elles partaient au zoo pour se détendre et marcher un peu. Leur lecture de chevet, ce fut pendant près d'un an le programme du concours: Ingeborg Bachmann, Goethe, Friedrich II et d'autres, sans compter les commentaires. Elles se sont retrouvées à la bibliothèque, elles ont passé les examens blancs et puis sont rentrées à la cité universitaire boire un café. Le jour de l'examen, elles sont parties ensemble, ont tremblé puis se sont souhaité bonne chance, mais aucune d'elles n'aurait voulu réussir toute seule.

Ce jour-là, elles ont reçu la même lettre du rectorat. Elles commençaient toutes les deux par «J'ai le regret de vous informer ... ». Valérie était déçue, mais bien moins qu'elle. Elle, elle a cru que le monde allait s'écrouler. Elle a eu honte. Pourtant c'est la règle du jeu. En France, il n'existe pas de professeurs au chômage. Les réussites à l'examen sont fonction des places disponibles. Ceux qui ont réussi ont dû faire une année de stage dans un lycée, ils ont été inspectés et ont dû quitter le Midi pour enseigner à Lille ou à Orléans. On peut passer le con-

s'entraider *s. gegenseitig helfen*
ambiance f *Atmosphäre*

se soutenir *s. unterstützen*

lecture f de chevet *Bettlektüre*

examen m blanc *Probeprüfung*
cité f universitaire *Studentendorf*
trembler *zittern*
souhaiter *wünschen*

j'ai le regret *ich bedaure*
déçu,e *enttäuscht*

s'écrouler *einstürzen*
avoir honte (f) *s.schämen*
règle f du jeu *Spielregel*

au chômage (m) *arbeitslos*
être fonction de *abhängen von*
disponible *verfügbar*
stage m *Praktikum*
être inspecté,e *der Schulaufsichtsbehörde unterstellt werden*

cours plusieurs fois; d'ailleurs on dit qu'il faut le passer au moins deux fois avant de réussir. Il y a ceux qui s'acharnent et recommencent, ceux qui abandonnent ou qui deviennent maîtres auxiliaires.

s'acharner *nicht locker lassen*
abandonner *aufgeben*

«Madame, s'il vous plaît!» Elle sursaute. Il faut qu'elle finisse de remplir son formulaire, il est midi.

sursauter *aufschrecken*

Les animaux ont la parole

Nous sommes nombreux: 36 millions d'animaux domestiques en France. Nous jouons un rôle important dans la vie des Français qui ont une passion particulière pour nous. Nous sommes deux fois plus nombreux que les enfants. La France est le pays d'Europe qui compte le plus d'animaux domestiques: 10 millions de chiens, 7 millions de chats, 9 millions d'oiseaux, 8 millions de poissons et 2 millions de lapins, hamsters, singes, tortues, etc.

animal m domestique *Haustier*

particulier, particulière *besondere/r/s*

Grâce à nous, les hommes peuvent exprimer ouvertement leur tendresse. Pour certains, nous sommes des compagnons avec lesquels ils peuvent communiquer, parler sans se gêner. Nous les écoutons, et parfois nous rendons moins pénible leur solitude ou leur isolement. Bien que nous préfériions les familles nombreuses et, si possible, dans une maison, nous habitons aussi chez des couples sans enfants ou chez des personnes âgées.

lapin m *Kaninchen*
singe m *Affe*
tortue f *Schildkröte*
tendresse f *Zärtlichkeit*

compagnon m *Gefährte*

pénible *mühsam, hart*
solitude f *Einsamkeit*

famille f nombreuse *kinderreiche Familie*

couple m *Ehepaar*

Chat ou chien? Voilà une question que les hommes se posent souvent. Les amateurs de chats sont en majorité des artistes, des fonctionnaires et des intellectuels. Les commerçants, les artisans, les militaires aiment mieux les chiens. Dites-nous quel animal vous avez et nous vous dirons qui vous êtes.

artiste m *Künstler*
fonctionnaire m *Beamter*
commerçant m *Kaufmann*
artisan m *Handwerker*

On dit des chats qu'ils aiment la liberté et l'indépendance. Nous les chiens, nous les aimons aussi. On dit de nous que nous sommes obéissants.

indépendance f *Unabhängigkeit*

obéissant,e *gehorsam*

Cela dépend du point de vue: Tous les matins, nous demandons à nos maîtres de nous promener dans un parc ou dans la rue. Les maîtres nous accompagnent. A midi, même scénario qui se répète le soir et parfois à minuit. Vous avez dit obeïssant? Vraiment, c'est une question d'optique ...

A Paris, les propriétaires de chats sont plus nombreux que les propriétaires de chiens. Devinez pourquoi. On dit que nous les chiens, on est la cause de bruit et de pollution et que parfois on est agressifs. Il nous est en effet difficile de faire la différence entre un membre de la famille en visite, un facteur et un voleur. La solution? Il faudrait nous prévenir à temps. Ce n'est pas drôle du tout de mordre un facteur, cela nous fait une publicité négative. Tel maître, tel animal ... Vous comprenez ce que nous voulons dire?

On dit que nous coûtons cher. C'est peut-être vrai. Mais sur le plan économique, nous constituons une source de revenus et des emplois.

Nous aimons nos maîtres. Mais nous ne comprenons pas pourquoi 100 000 de nos amis sont abandonnés chaque année quand les grandes vacances approchent. Quel monde! Le respect envers les animaux est lié au respect des hommes entre eux.

Ce que vous venez de lire, je l'ai écrit au nom de tous les animaux. Moi, je suis «une» caniche, je m'appelle Puce. Je n'ai pas de pedigree, mais cela n'a pas d'importance. On m'aime.

propriétaire m/f *Besitzer*

deviner *raten*
cause f *Ursache*
bruit m *Lärm*
pollution f *Verschmutzung*

facteur m *Briefträger*
voleur m *Einbrecher, Dieb*
prévenir à temps *rechtzeitig warnen*
mordre *beißen*

Tel maître, tel animal. *Wie der Herr, so das Tier.*

constituer *darstellen*
source f *Quelle*
revenu m *Einkommen*
emploi m *Arbeitsplatz*

abandonner *verlassen, aussetzen*

être lié à *zusammenhängen mit*

caniche m *Pudel*
puce f *Floh*
pedigree m *Stammbaum*

Nous sommes heureux

Je m'appelle Coquelicot. Je suis né le 21 mai 1980 dans la banlieue de Mantes-la-Jolie, pas loin de Paris, d'après ce qu'on m'a dit. A Mantes, il y a beaucoup de jolies chattes, d'où le nom de la ville, je suppose.

banlieue f *Vorort*

chatte f *Katze*

Des signes particuliers, j'en ai plusieurs. D'abord ma couleur. Imaginez une forêt ensoleillée en automne, elle a exactement la même couleur. Ensuite j'ai de très beaux yeux. On me dit bien souvent que Cléopâtre me ressemble. Je ne la connais pas, mais si c'est vrai, tant mieux. Dans mon passeport, on peut lire: race commune. Je ne suis pas du tout d'accord. Je suis unique, c'est juré. Coquelicot n'existe qu'une seule fois sur terre, et c'est moi. Je suis un chat voyageur. Je parle deux langues. Un chat voyageur bilingue, c'est plutôt rare, non? De race «commune», cela me fait bien miauler!

signe m particulier *besonderes Kennzeichen*
forêt f *Wald*
ensoleillé,e *von der Sonne beschienen*

ressembler *ähnlich sehen*

race f *Rasse*
commun,e *gewöhnlich*
unique *einzigartig*
c'est juré *Ehrenwort*

voyageur, -euse *reiselustig*
bilingue *zweisprachig*

miauler *miauen*

J'ai donc passé les premiers mois de ma vie à Mantes, auprès de mes six frères et sœurs. Mon père, je ne le connais pas. Maman ne m'a jamais parlé de lui et je n'ai pas insisté. Maman a toujours été très gentille avec moi.

insister *auf etw. bestehen*

Je n'oublierai jamais ce qui s'est passé un jour au mois d'août. J'étais en train de jouer avec des copains lorsque j'entendis un être bizarre aux cheveux noirs et plus longs que ceux de maman dire: «Regarde comme il est beau, quelle belle tête, quels beaux yeux! Je voudrais l'emmener.» L'être

copain m *Spielkamerad*
être m *Wesen, Geschöpf*

emmener *mitnehmen*

bizarre à la voix douce s'approcha de moi et c'est ainsi qu'une nouvelle vie a commencé pour moi. Elisabeth était française et Hans allemand. Mon premier grand voyage, je l'ai fait en voiture quand nous sommes allés en Allemagne. Et c'est là que j'habite depuis. Je n'ai jamais revu ni maman ni mes frères et sœurs. Eternel regret.

éternel regret ewiges Bedauern

Le deuxième choc de ma vie, je l'ai eu deux ans plus tard quand Elisabeth et Hans m'ont confié à une personne que je ne connaissais pas. Hans avait trouvé du travail en Afrique, et c'était impossible de m'y emmener. Alors quoi faire? Ils ont donc cherché et trouvé quelqu'un chez qui j'habite depuis ce temps-là. En union libre.

confier anvertrauen

union f libre Ehe ohne Trauschein

Au début, j'ai vraiment beaucoup regretté Elisabeth et Hans. Malgré tout, je me suis bien adapté à ma nouvelle place et relativement vite. Pourquoi? Parce que chez le nouveau, je peux sortir et rentrer quand je veux. Nous habitons au rez-de-chaussée. Dans la salle de bains, il y a une fenêtre qui reste ouverte jour et nuit. C'est d'ailleurs la nuit que c'est le plus intéressant: un jardin plein d'arbres et de souris, surtout quand il a plu, invite à de longues promenades. Tout le monde me connaît et je connais tous les voisins.

regretter vermissen

souris f Maus
pleuvoir regnen

Ce qui est amusant: mon maître, professeur de français, a une moustache, lui aussi. Bien sûr, la mienne est plus belle, mais quand même. J'adore ses mains qui me caressent longuement. Vivre sans être aimé ni caressé je ne le voudrais pas!

moustache f Schnurrbart

caresser streicheln

54

Le soir, avant de sortir, je regarde parfois la télé avec mon maître. Je ne l'aime pas beaucoup. La télé m'irrite, surtout certains films. «Tom et Jerry» par exemple: dans ces films, les souris se moquent des chats, ce sont toujours les chats qui perdent au jeu. La réalité est toute autre pourtant!

perdre au jeu *beim Spiel verlieren*

J'ai dit: mon «maître». Ce n'est pas tout à fait ça. Un exemple: en regardant la télé, mon maître aime fumer le cigare. Moi, j'ai horreur de la fumée. Ça sent mauvais, ça pique les yeux, les souris s'en réjouissent! Alors quand il allume un cigare, je m'en vais. Cela le rend triste et il arrête donc de fumer. Je me couche alors près de lui jusqu'aux actualités de 22 h 30.

piquer *stechen, beißen*
se réjouir *s. freuen*

actualités fpl *Nachrichten*

Souvent, je reste dehors toute la nuit, mais le petit déjeuner, nous le prenons ensemble. Au déjeuner, il respecte mon origine française: j'ai toujours droit à un beau morceau de fromage. N'est-ce pas un Français qui a dit:« Un dessert sans fromage est une belle à qui il manque un œil.»?

origine f *Herkunft*

dessert m *hier: Abschluß einer Mahlzeit*

Mon maître rentre à des heures irrégulières. Parfois je m'installe confortablement sur le rebord de la fenêtre pour attendre son arrivée. Je reconnais le bruit de sa voiture. Si je ne suis pas trop fatigué, je l'attends devant la porte. Ça lui fait plaisir. A propos bruit: j'entends tout. Mais le bruit le plus agréable est celui du frigidaire qu'on ouvre. Ce bruit est plein de promesses délicieuses. Dans la plupart des cas, les sacs en plastique sont aussi prometteurs. Chaque fois que mon maître fait les courses, il y a quelque

rebord m de la fenêtre *Fensterbrett*

frigidaire m *Kühlschrank*
promesse f *Versprechen*

prometteur, -euse *vielversprechend*

55

chose pour moi. Il pose le sac sur la table de la cuisine. Je me frotte contre ses jambes pour lui faire plaisir et pour lui signaler: Montre ce que tu m'as apporté. Il ne me déçoit jamais. Sauf une fois ...

Il y a deux ans, j'ai eu de graves problèmes avec mon maître. Il a amené une chatte à la maison. Elle s'appelle Flocke, ce qui veut dire en français «flocon». Elle est belle, c'est vrai, noire et blanche et elle a une grande tache noire sur le dos en forme de cœur. A mon avis, un seul chat à la maison suffit. Avant, tout l'appartement était à moi, sans parler du jardin, de la nourriture et même des souris et des lapins de garenne. Maintenant, il faut tout partager. Quand je veux m'installer dans mon fauteuil préféré - impossible: Flocke y est déjà. Si je veux me reposer sur le lit, qui s'y trouve? La chatte. Alors il m'arrive de me disputer avec elle. Nous ne nous entendons pas toujours très bien. Parce que je suis jaloux? Non. Enfin oui, un peu peut-être. Je crois plutôt qu'elle me comprend mal. Et pourtant je parle bien allemand! Mais quand je suis en colère ou quand je m'énerve, les mots me manquent parfois. Est-ce là l'origine de nos malentendus?

Après tout, c'est chouette de jouer ensemble, de courir après les papillons, de grimper aux arbres, de se raconter ses aventures.

Je suis heureux. Parole de chat!

* *
*

frotter *reiben*

decevoir *enttäuschen*
sauf *außer*

lapin m de garenne *Wildkaninchen*
partager *teilen*

se disputer *s. streiten*

jaloux, -se *eifersüchtig*

colère f *Wut*

chouette *prima*
papillon m *Schmetterling*
grimper *klettern*
aventure f *Abenteuer*

Coquelicot m'a raconté sa vie, je la trouve intéressante. J'adore l'écouter, surtout quand il parle de l'époque où il a vécu en France. J'aime la patience avec laquelle il essaie de m'apprendre le français. Le résultat? Pour moi, c'est beaucoup plus facile de suivre une conversation que de parler ou d'écrire. Mais je continue à faire des progrès.

adorer *sehr gerne tun*

patience f *Geduld*

On s'entend bien. Deux chats à la maison, je ne suis pas contre. On s'ennuie rarement. Bien sûr, Coquelicot se repose plus souvent que moi. Ce n'est pas étonnant, vu la différence d'âge.

s'ennuyer *s. langweilen*

différence f *Unterschied*
vu *in Anbetracht*

Coquelicot s'est spécialisé dans les lapins qui courent dans le jardin. Moi, je suis plutôt spécialiste des souris. Souvent, j'amène une ou deux souris dans l'appartement pour jouer avec elles. Mais j'ai l'impression qu'elles ignorent la règle du jeu: au lieu de courir, elles restent sans bouger dans des endroits où il est impossible pour moi de les attraper. Quand j'en amène à la maison, je miaule très fort pour attirer l'attention du type chez qui j'habite et pour lui dire: Voilà, c'est aussi pour toi, une petite récompense pour tout ce que tu fais pour moi, pour le logement, la nourriture, les caresses et tout le reste. Il n'aime pas mes cadeaux. Pourquoi? Je n'en sais rien. Plus tard, les souris ont disparu. Coquelicot n'est pas au courant non plus. Une fois, j'ai senti une odeur de souris et de fromage sur un petit objet en bois bizarre. Drôle d'histoire! La prochaine fois, je resterai à la maison pour éclaircir cette affaire mystérieuse.

ignorer *nicht kennen*
au lieu de *anstatt*
bouger *s. bewegen*
endroit m *Ort*
attraper *fangen*

récompense f *Belohnung*

être au courant *Bescheid wissen*
sentir *riechen*
odeur f *Geruch*

éclaircir *aufklären*

Dans quelques jours, on fêtera Noël. Noël est important pour moi. Pourquoi? Parce que c'est un 23 décembre que j'ai eu mon premier contact avec le type chez qui j'habite depuis. Nous avons tout de suite sympathisé. Merci Papa Noël! J'ai entendu dire cela. Je ne sais pas exactement ce que ça veut dire, mais ça sonne bien.

Je suis heureuse, moi aussi.

Si la Provence m'était contée

Paysages de Provence

«Il vous faut changer à Avignon», avait dit l'employé au guichet de la gare. J'ai donc laissé mes bagages à la consigne et décidé d'aller faire un tour dans la cité des Papes en attendant le train de nuit pour Strasbourg.

En sortant de la gare, j'ai aperçu les remparts autour de la vieille ville. J'ai marché droit devant moi, guidé par un vent violent que l'on appelle le mistral et me suis retrouvé face au palais des Papes. Je suis resté peut-être une demi-heure devant ce bâtiment imposant, comme fasciné, puis j'ai marché au hasard à travers les rues d'Avignon. C'est ainsi que d'une minute à l'autre je me suis retrouvé dans le syndicat d'initiative d'Avignon.

Un vieux monsieur qui venait à peine d'ouvrir les portes du magasin m'a salué chaleureusement. Avant que je n'aie dit un seul mot, il est parti dans l'arrière-boutique et est revenu avec des kilos de prospectus. J'étais stupéfait. Il a déplié une carte et m'a dit:

«Voyez Avignon, c'est ici. Nous sommes aux portes de la Provence. La Provence, c'est la terre d'accueil des touristes français et étrangers, car c'est la terre des contrastes. Il y a plusieurs Provences: la Provence de la mer, des Saintes-Maries-de-la-Mer à la frontière italienne; la Provence de l'arrière-pays avec les gorges du Verdon et le mont Ventoux; et la Provence de la montagne. La Provence regroupe six

guichet m *Schalter*

consigne f *Gepäckaufbewahrung*

apercevoir *erblicken*
remparts mpl *Stadtmauern*

bâtiment m *Gebäude*
au hasard *aufs Geratewohl*

syndicat m d'initiative *Fremdenverkehrsamt*

chaleureusement *warm, herzlich*

stupéfait,e *verblüfft*
déplier *auseinanderfalten*

accueil m *Empfang*

arrière-pays m *Hinterland*
gorges fpl *Schlucht*

départements , le Vaucluse avec Avignon comme chef-lieu, les Bouches-du-Rhône avec Marseille, le Var avec Toulon, les Hautes-Alpes avec Gap, les Alpes de Haute-Provence avec Digne et les Alpes-Maritimes avec Nice.

Mais la Provence, ce n'est pas seulement un site géographique, c'est une terre, la colline et la garrigue, des gens, des traditions et une histoire, les fêtes, la farandole et les veillées au coin du feu. C'est toute une atmosphère, un parfum de lavande, de thym et de romarin. Ma Provence, c'est celle du mistral qui secoue les oliviers et les pins dans la vallée du Rhône. C'est celle de Daudet et son Tartarin, celle de Frédéric Mistral et sa Mireille, c'est le provençal, une langue bien à nous qui a l'accent du soleil. C'est Carpentras et ses fraises, Cavaillon et ses melons, c'est Marseille avec son vieux port et sa bouillabaisse, ses quartiers aux multiples cultures, c'est Aix-en-Provence, la ville du calisson, c'est la Camargue avec ses gardians, les courses de taureaux et les chevaux de Camargue, et puis le pèlerinage gitan des Saintes-Maries-de-la-Mer. Ma Provence, c'est celle des Provençaux que les santons ont rendus immortels.»

Tout en me montrant sur la carte les différentes villes qu'il venait d'énoncer et en dépliant prospectus sur prospectus, il a sorti de sa poche un trousseau de clés. Il m'a donné le tas de prospectus et m'a dit: «Suivez-moi.» Il a fermé son magasin en clignant de l'œil et je l'ai suivi jusqu'à sa

chef-lieu m *Hauptort eines Departements*

site m *Ort*
colline f *Hügel*
garrigue f *Strauchheide Südfrankreichs*
farandole f *ein Tanz*
veillée f *abendliches Beisammensein*
lavande f *Lavendel*
thym m *Thymian*
romarin m *Rosmarin*
secouer *schütteln*
Alphonse Daudet, 1840-1897 *französ. Dichter*
F. Mistral, 1830-1914 *provenzal. Dichter*

fraise f *Erdbeere*

calisson m *provenzal. Mandelkonfekt*
gardian m *berittener Viehhirte der Camargue*
course f de taureaux *Stierkampf*
pèlerinage m gitan *Zigeunerwallfahrt*
santon m *provenzal. Krippenfigur*
immortel,le *unsterblich*
énoncer *erwähnen*

trousseau m de clés m *Schlüsselbund*
tas m *Haufen, Stapel*
cligner de l'œil *mit den Augen zwinkern*

voiture. Nous avons traversé Avignon. Il m'a expliqué que c'était l'époque du festival, une rencontre internationale du théâtre et de la musique. Nous avons roulé pendant quelques minutes. Je n'ai pas reconnu sa description de la Provence. Avignon était pour moi une grande ville comme les autres, lorsque soudain nous avons atteint Fontaine-de-Vaucluse. C'était un village pittoresque bâti tout en pierres, traversé par une rivière. Il y avait une place abritée par des platanes où de vieux messieurs jouaient à la pétanque. C'était jour de marché, la ville n'était qu'un mélange de senteurs, de couleurs et d'accents. Je n'ai jamais regretté cet arrêt forcé, ce fut le début d'une longue histoire d'amour entre un homme et le pays des cigales.

atteindre *erreichen*
pittoresque *malerisch*
bâtir *bauen*

abriter *schützen*

pétanque f *Boule-Spiel*
senteur f *Duft*

arrêt m forcé *erzwungener Aufenthalt*

cigale f *Zikade*

Ma Provence

«Dis, tonton de Marseille, qu'est-ce que c'est la Provence?»

«La Provence, mon petit, ce n'est pas Marseille. Marseille, c'est une ville comme Paris, comme d'autres. Il y a un peu plus de soleil, c'est tout. Si tu veux vraiment voir la Provence, il faut aller en campagne parce que c'est en campagne qu'on voit le mieux la vie qu'ils mènent, les Provençaux. Quoique maintenant, tu sais, c'est à peu près partout pareil. Ce qui est resté provençal, c'est la Camargue, Arles, Nîmes.

Autrefois, le monde était groupé, le village était une famille. Quand quelqu'un était malade, tout le monde allait le voir, se rendre compte de son état de santé et de son état pécunier aussi. Maintenant, tu es malade, tu meurs, tu vis - personne ne s'intéresse à toi!

La Provence, c'était ça, c'était un tout ... C'était l'amabilité pour recevoir, c'était beaucoup de choses. Maintenant, tout ça disparaît, ça devient comme en ville. Avant, on vivait davantage avec les coutumes. Maintenant, les coutumes, on s'en fout, à part un peu la fête de Noël et le jour de l'An. En Provence, tu avais beaucoup de coutumes, comme par exemple le feu de la Saint-Jean. Le feu, on le faisait dans toute la France, mais chez nous, c'était particulier. A Fonvieille par exemple, tous les jeunes sautaient

tonton m *Onkel*

aller en campagne *aufs Land gehen*

mener *führen*
quoique *obwohl*

pareil,-le *gleich*

se rendre compte *s. überzeugen; s. erkundigen*
état m pécunier *finanzielle Lage*

amabilité f *Liebenswürdigkeit*
recevoir *(Gäste) empfangen*

coutume f *Brauch*
on s'en fout P *man pfeift darauf*
à part *abgesehen von*

particulier,-ère *typisch*
sauter *springen*

le feu et celui qui sautait les flammes les plus hautes, il devait se marier dans l'année. Il y a cinquante ans. Aujourd'hui, le feu de la Saint-Jean, ça ne se fait plus.

La Provence, petit, c'est quelque chose que tu ne peux pas décrire ... En Provence, tu as le soleil que tu n'as pas de partout, tu as la colline. C'est typiquement provençal, cette forme.

colline f *Hügel*

La Provence, ça part du Var et ça va jusque dans le Gard en passant par le bord de mer. A partir du Var, dans les terres, ils appellent ça la Haute-Provence. Ça fait partie d'une certaine Provence mais ce n'est pas le cœur de la Provence. Le cœur de la Provence, c'est l'embouchure du Rhône, Arles, Nîmes, Tarascon, Beaucaire. De Marseille jusqu'à Aigues-Mortes, c'est, à proprement parler, le berceau de la Provence.

partir *anfangen*

embouchure f *Mündung*

à proprement parler *im engeren Sinne*
berceau m *Wiege*

Et en Provence, pichounet, on parle le provençal. C'est un patois dérivé de la langue d'oc. Dans tout le midi de la France, il y a des patois dérivés de la langue d'oc. Maintenant, si c'est du côté de l'Italie, à Nice par exemple, il y a beaucoup plus de mots à consonance italienne que du côté des Pyrénées. Du côté des Pyrénées, il y a évidemment plus de mots à consonance espagnole. Et ici, au cœur de la Provence, c'est un patois différent des deux autres, c'est le provençal.

pichounet = petit (*provenzal.*)
patois m *Dialekt*
langue f d'oc *Okzitanisch, Südfranzösisch*
dérivé,e *abgeleitet*

consonance f *Klang*

Avec ma mère, je ne parle pas français comme avec toi, je parle provençal! Et je la vouvoie! Le vouvoiement est une ancienne coutume provençale et italienne. Moi, mon pauvre

vouvoyer *siezen*

64

père, il vouvoyait ses parents et quand il s'est marié et qu'il a eu des enfants, il a tenu à ce qu'on le vouvoie. Tandis que ma mère, elle, elle tutoyait ses parents. Dans le temps, même la femme vouvoyait son mari. C'était dans les mœurs de l'époque, mais en Provence c'était bien ancré. Ce que je te dis, c'est vrai pour les fermes parce que en ville, ce n'était pas la même chose.

tenir à *Wert legen auf*
tutoyer *duzen*
dans le temps *damals*

mœurs fpl *Sitten*
ancré,e *verankert*

La Provence, c'est ça ... Il y avait beaucoup de modes de vie, de modes de vie italienne et espagnole parce que la Provence, qu'est-ce que c'est? C'est les Grecs, les Espagnols, les Italiens qui sont venus et qui se sont multipliés, développés. Il y a beaucoup de coutumes qui ont été importées et accommodées à la mode de chez nous. Il y a eu des connaissances qui sont venues enrichir celles du coin.

se multiplier *s. vermehren*
se développer *s. weiterentwickeln*

accomoder *anpassen*

coin m *Gegend*

Pour voir la Provence, il faut aller en Camargue, là, tu as encore des coutumes provençales. Le taureau camarguais, c'est typique. On ne connaît pas ses origines. On suppose que c'est un croisement de l'arabe et de l'espagnol. Les mises à mort, c'est pas provençal. En Provence, tu travailles le taureau à la main, à la cape. La vraie course provençale, c'est la course à la cocarde. Le taureau n'est pas tué. Il fait deux cents, trois cents, quatre cents courses! Le taureau est élevé en Camargue. Maintenant, il y a du riz en Camargue, mais avant, il n'y avait que les taureaux et un peu de culture maraîchère pour les habitants du coin.

supposer *vermuten*
croisement m *Kreuzung*
mise f à mort *das Töten*

cape f *Capa, rotes Tuch*
cocarde f *Schleife*

élever *aufziehen, züchten*
riz m *Reis*

culture f maraîchère *Gemüseanbau*

Aux Saintes-Maries-de-la-Mer, il y a les gitans parce que Sainte Sarah,

gitan m *Zigeuner*

elle a débarqué à cet endroit. Le gitan fait partie du cœur de la Provence. Tous les ans, il y a une grande fête religieuse pour célébrer Sainte Sarah. Un gitan et un Camarguais, ce sont pour ainsi dire deux frères parce que ce sont deux cœurs qui sont libres.

débarquer *landen*

Autrefois, le Camarguais vivait dans un cabanon, avec des roseaux dessus. Il vivait de la pêche, de la chasse, puis il y avait les taureaux et les produits de l'élevage. Enfin en Camargue, il y a les chevaux. Dans le temps, les chevaux de Camargue servaient pour tout, ils servaient pour aller au marché, pour porter les légumes. Ils tiraient même la charrue, oh, pas des grosses, bien sûr, mais pour un jardinier, un Camarguais, c'est bon. Aujourd'hui, le cheval de Camargue, il est pour les randonnées. C'est un cheval solide, robuste et il mange n'importe quoi, de la paille, du foin ... comme Bomian, mon cheval! D'ailleurs, «bomian», ça veut dire «bohémien».

cabanon m *Hütte*
roseaux mpl *Schilf*
pêche f *Fischfang*
chasse f *Jagd*
élevage m *Viehzucht*

cheval m *Pferd*

charrue f *Pflug*

randonnée f *Ausritt*

paille f *Stroh*
foin m *Heu*

bohémien m *Zigeuner*

La Provence, petit, c'est tout ça. Il y avait beaucoup plus de fêtes qu'aujourd'hui. On dansait la farandole. Il y avait la fête de la Saint-Jean, mais aussi la fête des vendanges quand le vin était rentré, la fête des moissons quand le grain était rentré. Mais ça s'est perdu ... La Provence, ce n'est plus la même. Les danses provençales, elles sont dansées par des groupes de danseurs lors des fêtes folkloriques, c'est tout. Il nous reste la flûte et le tambourin. C'est typiquement provençal: la flûte se joue d'une seule main, la gauche, et de l'autre, on tient la baguette

vendanges fpl *Weinlese*
rentré,e *eingebracht*
moisson f *Getreideernte*

baguette f *Stab*

pour taper sur le tambourin. C'est une flûte à trois trous, on l'appelle le «galoubet». Et puis, en Provence, il y a la crèche, comme si le petit Jésus était né au milieu des oliviers ... Il y a des contes. Avant, le soir, il y avait la veillée. On mangeait des châtaignes en famille ou bien on triait les haricots et les fèves. En hiver, les journées sont courtes ... Quand la récolte était rentrée, on se réunissait le soir en famille ou avec les voisins, tantôt chez l'un, tantôt chez l'autre, et on nettoyait les haricots et les fèves et on se racontait les histoires de la région, les coups de grêle, les coups de vent ... Maintenant, ça ne se fait plus. «Bonsoir, monsieur, madame.» C'est fini. On ferme la porte et terminé! On laisse tout dehors.

A Marseille, il y a encore des Provençaux sur le vieux port, des gens du coin qui ont toujours vécu au port. Dans le temps, quand ils arrivaient de la mer, ils commentaient la pêche. Maintenant, les jeunes vendent leur pêche ou la donnent au mareyeur. A la campagne, c'est pareil. Il n'y a plus de chevaux, il y a des tracteurs. Avant, tu t'arrêtais pour faire souffler la bête, mais tu faisais en sorte que la bête s'arrête là où il y avait le voisin pour discuter un peu ...

Tu dors, petit?»

crèche f *Krippe*

châtaigne f *Eßkastanie*
trier *verlesen*
haricot m *grüne Bohne*
fève f *weiße Bohne*
récolte f *Ernte*

tantôt chez l'un, tantôt chez l'autre ...*mal bei dem einen, mal bei dem anderen*

grêle f *Hagel*

mareyeur m *Fischgroßhändler*

souffler *verschnaufen*

La légende du Pont du Gard

Beaucoup de gens pensent que le Pont du Gard est un des plus beaux ouvrages du monde. Cet immense pont mesure 50 mètres de haut et 277 mètres de long. Un travail de Romains!

ouvrage m Werk, Bauwerk
mesurer messen

En fait, les vieux habitants des villages voisins racontent que le diable l'a construit en une nuit.

voisin,e benachbart
diable m Teufel
construire erbauen
peuchère mein Armer (südfranzös.)

«Il y a longtemps, peuchère, tu n'étais pas encore né et César vivait encore, les gens du pays pouvaient seulement traverser la rivière à gué. Mais le Gardon était un fleuve rapide et dangereux et il a coûté la vie à bien des gens. Durant de longs mois, ils ne pouvaient pas aller à la ville et ils n'avaient pas assez à manger. Les habitants de Nîmes, eux, n'avaient pas d'eau. En plus, des familles étaient séparées et ne pouvaient pas se voir. Alors on a décidé de faire construire un pont par le maçon le plus connu de la région.

traverser la rivière à gué den Fluß in einer Furt durchqueren
fleuve m Fluß

décider beschließen
maçon m Maurer

Fernand était un bon ouvrier, infatigable. Il connaissait bien son métier. Il l'avait appris à la ville. Il a même donné un nom savant à son pont: «C'est un aqueduc», disait-il.

ouvrier m Arbeiter
infatigable unermüdlich
métier m Handwerk
savant,e gelehrt
aqueduc m Aquädukt
réussir gelingen

Pourtant, le pauvre ne réussit pas à finir la construction de son aqueduc. Chaque fois, il pleuvait si fort que l'eau démolissait le pont.

démolir zerstören

Le pauvre maçon, qui croyait en Dieu et allait régulièrement à la messe, pria le diable de l'aider. Aussitôt une silhouette mince, vêtue de noir, avec

prier bitten
mince schlank, schmal

une queue longue et fourchue apparut devant lui.

«Tu m'as appelé, dit le diable. Si tu veux, je te construis ton pont.»

«Je veux bien, dit le maçon. Quel est ton prix?»

«Oh, pas très cher. Le premier qui passera sur le pont sera pour moi.»

passer sur le pont *über die Brücke gehen*

«D'accord», dit le maçon tout content.

Alors le diable commença à travailler. En quatre heures, il avait construit un colosse de pont comme on n'en avait jamais vu.

Rentré chez lui, Fernand raconta à sa femme sa rencontre avec le diable:

rencontre f *Begegnung*

«L'aqueduc est enfin terminé.»

«Bravo! Comment as-tu fait?»

«Voilà le problème. J'ai fait un pacte avec le diable», répondit le maçon.

«Pardonnez-lui, mon Dieu. Il ne sait pas ce qu'il a fait!»

«Je n'ai pas tout dit, continua le maçon. L'aide du diable coûte cher.»

«Nous sommes perdus, ruinés! Quel est son prix?»

perdu,e *verloren*

«La vie d'un être vivant. Le premier qui passe sur le pont est pour le diable. J'ai peur qu'il n'arrive un malheur.»

Après un long silence, sa femme dit: «J'ai une idée. Hier, notre chien a chassé un lièvre qui vit encore. Prends-le et mets-le sur le pont au moment où le soleil se lèvera.»

lièvre m *Hase*

Le mari suivit le conseil de sa femme et laissa s'échapper le lièvre sur le pont à l'heure prévue. Le diable qui se trouvait à l'autre bout du pont reçut le lièvre dans son sac. En voyant que

se lever *aufgehen (Sonne)*
conseil m *Ratschlag*
laisser s'échapper *laufen lassen*
prévu,e *vorgesehen*

c'était un animal, il l'attrapa et le jeta contre le pont. C'est ainsi que depuis ce temps le lièvre se voit encore contre le Pont du Gard.

Et le diable? Ça, c'est une autre histoire ...»

Noël raconté par les santons de Provence

Moi, je suis un ange. Je vis dans le ciel avec le Bon Dieu. On m'appelle Boufarèu. Chaque fois que le Bon Dieu est content, je joue de la trompette.

Cette nuit-là, le Bon Dieu n'avait jamais été aussi content de sa vie: il allait être papa. Et moi, je n'avais jamais soufflé aussi fort dans ma trompette!

Je vais vous dire comment ça s'est passé.

C'était le 24 décembre. Il y avait beaucoup de vent, le mistral soufflait très fort. Tous les habitants de Betléem s'étaient couchés de bonne heure et ils avaient tiré les couvertures sur la tête pour ne plus entendre souffler le vent. Le mistral est un ami du Bon Dieu, aussi avait-il fait partir les nuages à des milliers de kilomètres. Le ciel était tout propre et plein d'étoiles pour la naissance du petit. C'était bien gentil, mais la température avait baissé, et même moi, j'avais froid.

Je regardais de tous les côtés. Enfin je les ai vus, les pauvres. Ils avaient l'air bien fatigués. Saint Joseph marchait devant. De temps en temps, il se retournait et il disait:

«Et alors, ma belle?»

«Je n'en peux plus.»

«Courage! Je vois un cabanon là bas.»

«Personne ne veut de nous.»

«Oh, les riches peut-être, mais ici,

santon (= petit saint) *provenzal. Krippenfigur*
ange m *Engel*
Boufarèu [bufarɛu] *(provenzal.)*

souffler *blasen*

habitant m *Bewohner*
se coucher *schlafen gehen*
couverture f *Decke*

nuage m *Wolke*
milliers mpl *Tausende*
propre *sauber*
étoile f *Stern*
naissance f *Geburt*
baisser *sinken*

de tous les côtés *nach allen Seiten*

je n'en peux plus *ich kann nicht mehr*
courage m *Mut*
cabanon m *Hütte*

ce sont des pauvres, ils auront une petite place pour nous. Donne-moi le bras.»

«Oh, mon Dieu! Qu'est-ce que j'ai mal!»

«Aïe, aïe, aïe! Quel malheur! Nous, nous n'avons pas de chance. Nous n'avons pas d'argent, pas de maison, et une femme qui va accoucher en pleine nuit! Mais n'aie pas peur, je vais te porter.»

accoucher *niederkommen*
n'aie pas peur *hab keine Angst*

«Je te demande pardon de te donner tant de soucis.»

souci m *Sorge*

«Oh, écoute, ma belle, qu'est-ce que je suis, moi? Un pauvre homme. Et le Bon Dieu m'a permis de te prendre par la main, de te porter dans mes bras, toi, la mère de son enfant. Je n'ai rien fait pour connaître un tel bonheur! Seulement il doit nous aider, sinon c'est la catastrophe! Et on va dire que c'est ma faute. Attends, nous sommes arrivés ... Il y a quelqu'un? Ah, ils dorment, les pauvres. Je ne voudrais pas les réveiller, mais je ne peux pas faire autrement.»

réveiller *wecken*

Vous l'avez entendu, Saint Joseph? Il n'y a pas plus brave homme que lui. Il n'aime pas déranger les gens. Et quand il a vu que le cabanon était une étable, il était gêné de déranger le bœuf et l'âne. C'étaient seulement des bêtes, mais elles avaient travaillé toute la journée et c'est pourquoi elles dormaient. Il leur a dit:

déranger *stören*
cabanon m *Hütte*
étable f *Stall*
bœuf m *Ochse*
âne m *Esel*
bête f *Tier*

«Excusez-nous de vous déranger.»

Le bœuf et l'âne qu'il venait de réveiller se sont presque mis en colère. Mais quand ils ont vu la jolie Sainte Vierge et le pauvre Saint Joseph, ils

se mettre en colère *zornig werden*

ont eu honte et sont devenus gentils.

«Ne restez pas dehors, entrez vite au chaud! Vous avez de la chance, on a changé la paille ce matin.»

Saint Joseph était si simple qu'il n'était pas surpris que les animaux parlent avec l'accent. Et puis il avait trop de soucis pour faire attention à cela parce que la Sainte Vierge, elle allait accoucher.

«Oh, c'est terrible!»

«Qu'est-ce qu'il faut faire?»

«Je ne sais pas non plus, je ne suis qu'un âne. On voudrait bien vous aider, mais on en est incapables.»

«Oh mon Dieu, aidez-moi!»

Il était presque minuit. Je me suis approché de la fenêtre de l'étable et j'ai entendu le bœuf qui disait:

«Puisqu'on ne peut pas les aider, on pourrait dire une prière.»

«Tu en sais, des prières, toi?»

«Moi, non. Mais Saint Joseph, il doit sûrement en savoir.»

Ecoutez-les, ces fadas! Mais les prières, elles ne sont pas encore inventées! C'est justement pour ça que le petit vient sur la terre!

«En attendant, on pourrait se mettre à genoux.»

Parfaitement, c'est comme ça que les choses se sont passées. Saint Joseph, le bœuf et l'âne se sont agenouillés tous les trois. Il était minuit juste et le petit est né. Il n'a pas crié, il est né avec le sourire. La Sainte Vierge, elle souriait aussi. Le bœuf, l'âne et Saint Joseph, ils poussaient des larmes grosses comme des olives ...

---

avoir honte *s. schämen*

paille f *Stroh*

accent m *hier: provenzal. Akzent*

la Sainte Vierge *die Heilige Jungfrau*

incapable *unfähig*

minuit m *Mitternacht*

prière f *Gebet*

fada m *Dummkopf*
inventer *erfinden*

se mettre à genoux *niederknien*

s'agenouiller *niederknien*

sourire m *Lächeln*
sourire *lächeln*
pousser des larmes *Tränen vergießen*

Chez Mirèio

Ma femme et moi, nous nous étions promenés dans la ville d'Arles, suivant les traces de Van Gogh que le soleil du Midi avait tant inspiré. Cette visite à travers Arles nous avait ouvert l'appétit et nous avions décidé de manger dans le restaurant «Mirèio» que notre guide touristique classait parmi les premiers de sa liste. Depuis une heure déjà, nous avions cherché ce restaurant sans succès - les Méridionaux diraient sans doute depuis des heures déjà -, lorsqu'enfin nous avons vu dans la pénombre de la rue la silhouette d'un Arlésien.

«Pardon, monsieur, le «Mirèio» dans la rue Frédéric Mistral?»

Le vieil homme a répété le nom de Mirèio à haute voix comme pour réfléchir. Il parlait avec l'accent et ce mot retentissait comme une mélodie. Nous étions au cœur de la Provence ...

«C'est tout près d'ici, dit-il. Il vous faut marcher une centaine de mètres jusqu'à la place, puis vous prenez la première rue à gauche, vous descendez la rue. Alors vous verrez, il y a à côté de la poissonnerie une petite rue, c'est la rue Frédéric Mistral. Le «Mirèio», c'est au quatorze.»

Nous étions déjà allés dans cette rue, mais nous n'avions pas trouvé le «Mirèio». Enfin, nous étions au numéro quatorze. Effectivement, il y avait au-dessus de la porte le nom du restaurant difficile à déchiffrer. J'ai

Mirèio (*provenzal.*) = *Mireille*

trace f *Spur*

Méridionaux mpl *Leute aus dem Süden*

pénombre f *Halbschatten*

retentir *klingen*

centaine f *etwa hundert*

poissonnerie f *Fischgeschäft*

au quatorze *im Haus Nr. 14*

effectivement *tatsächlich*

déchiffrer *entziffern*

ouvert la porte. Mille odeurs savoureuses venaient de la salle comme pour nous souhaiter la bienvenue. Nous avions cherché pendant une heure et nous nous retrouvions dans une sorte de salle à manger provençale à peine plus grande que notre cuisine!

savoureux, -euse *aromatisch*

Une petite dame est venue vers nous et nous a montré une table libre. Il y avait en tout et pour tout six tables dans cette salle, toutes recouvertes d'une nappe en tissu provençal rouge. De vieilles photos étaient au mur, des portraits de cuisiniers.

en tout et pour tout *alles in allem*

nappe f *Tischtuch*
tissu m *Stoff*
cuisinier m *Koch*

La vieille dame s'est approchée et nous a donné la carte, puis elle est repartie vers la cuisine en souriant. Sur la carte, on pouvait lire:

A savourer sur place - les spécialités du «Mirèio»:

savourer *kosten*

L'aïoli
La bouillabaisse
La bourride
La ratatouille
La daube
La soupe de poissons
La soupe au pistou

Knoblauchmayonnaise

Fischgericht
div. gedünstete Gemüse
Fleischragout

Gemüsesuppe mit einer Sauce aus Basilikum, Knoblauch und Olivenöl

Difficile de faire un choix! Tous ces noms de plats provençaux étaient pleins de soleil, mais nous ne les comprenions pas. J'ai appelé la petite dame et lui ai demandé de nous conseiller.

plat m *Gericht*

conseiller *beraten*

«C'est difficile, dit-elle. Ce sont tous des plats typiques préparés avec du poisson, de la viande ou des légumes de chez nous. Moi, j'adore l'aïoli.»

Alors nous avons commandé un aïoli pour deux personnes et une carafe de vin blanc du pays. La petite dame nous a apporté d'abord le pain et le pichet de vin. Elle a rempli les deux verres et est partie préparer l'addition pour les derniers clients.

pichet m *Krug*

addition f *Rechnung*

C'est le patron en personne qui nous a apporté l'aïoli. Il tenait dans ses mains un long plat ovale avec l'aïoli et sa garniture.

patron m *Chef*

garniture f *Beilagen*

«Le plat préféré de ma femme, dit-il en nous souhaitant bon appétit. Il s'agit d'une mayonnaise très aillée que l'on mange avec des pommes de terre, des carottes, des œufs durs, des escargots et de la morue. La morue? C'est un poisson que l'on fait sécher dans du sel. Vous ne connaissez pas? Autrefois, c'était les pauvres gens qui mangeaient la morue, maintenant ça a bien changé, elle coûte environ 80 francs au kilo sur le marché. Alors vous comprenez, c'est un plat pour les riches ...»

aillé,e *mit Knoblauch gewürzt*

escargot m *Schnecke*
morue f *Stockfisch*
sécher *trocknen*

Le repas était délicieux. Nous avons commandé une deuxième carafe de vin et nous avons invité le patron et sa femme à s'asseoir à notre table. Tous les deux étaient d'Arles, ils étaient mariés depuis près de quarante ans et tenaient le restaurant depuis toujours. Leur famille était une famille de cuisiniers, lui avait appris le métier de son père, son père de son grand-père et son grand-père de son arrière-grand-père ...

délicieux,-se *köstlich*

près de *fast*
tenir *führen*

«Té, c'est mon père sur cette photo, dit-il, les larmes aux yeux. C'est lui qui m'a tout appris. Des secrets de l'aïoli à la soupe au pistou! Avant, on

les larmes aux yeux *mit Tränen in den Augen*

savait ce qui était bon. On prenait le temps de manger, de savourer les bons petits plats. Maintenant, c'est fini. Les surgelés et les boîtes de conserves ont remplacé tout ça. On mange léger. La forme, pas les formes! Vous connaissez? Les Français ne sont plus les gourmets qu'ils étaient. Ils n'ont plus le temps, les fast-food font concurrence à la bonne cuisine. La femme moderne a d'autres préoccupations ... Té, il me reste peu de temps à vivre, mais plutôt mourir de faim que de me servir d'un ouvre-boîtes!» C'était sa devise et je suis sûr qu'il n'exagérait pas en disant cela.

«Té, venez voir.» Il s'est levé et nous a invités dans sa cuisine. Notre attention s'est portée sur un bol en bois et une sorte de marteau.

«Ça, c'est un mortier, dit-il en montrant le bol en bois, et ça, c'est un pilon. C'est en bois d'olivier. C'est pour faire l'aïoli. Vous prenez de l'ail, vous épluchez quelques gousses et vous les mettez au fond du mortier. Puis vous prenez le pilon et vous écrasez l'ail jusqu'à ce qu'il devienne une pommade. Vous ajoutez une pincée de sel, du poivre et un jaune d'œuf, puis vous versez de l'huile d'olive petit à petit en tournant avec le pilon. Attention, il ne faut jamais s'arrêter de tourner! C'est là le secret de la réussite. Lorsque le tout est épais, vous y ajoutez un demi-citron et vous tournez encore un peu.»

Tout en parlant, il avait fini son aïoli. Il a débouché une bouteille et nous avons recommencé à manger.

savourer *genießen*

surgelés mpl *Tiefkühlkost*
boîte f de conserve *Konservendose*
(avoir) la forme *in Form sein*

gourmet m *Feinschmecker*

préoccupation f *Beschäftigung*

ouvre-boîtes m *Dosenöffner*
exagérer *übertreiben*

bol m *kleine Schüssel*
marteau m *Hammer*
mortier m *Mörser*

pilon m *Stößel*

éplucher *putzen, schälen*
gousse f *(Knoblauch) Zehe*

écraser *zerdrücken*

pommade f *Creme*
pincée f de sel *Prise Salz*

réussite f *Gelingen*
épais,se *dick*

déboucher *entkorken*

ABC des curiosités

ABC des curiosités

B comme ... *Bartholdi*

Vous connaissez la statue de la «Liberté éclairant le monde»? Elle se trouve à l'entrée du port de New York. Elle est haute de 93 mètres. C'est Frédéric-Auguste Bartholdi, né à Colmar en 1834, mort à Paris en 1904, qui l'a construite. Ce sculpteur français qui aimait les sujets grands et massifs a également réalisé, à Belfort, un lion de 22 mètres de long sur 11 mètres de haut. Le lion de Belfort a été construit pour rappeler la résistance de la ville pendant la guerre de 1870.

éclairer *erleuchten*
port m *Hafen*

construire *erbauen, schaffen*

lion m *Löwe*

résistance f *Widerstand*

B comme ... *Boucicaut*

Il y a les partisans des grands magasins, des supermarchés où l'on trouve tout ce que l'on veut, de la baguette - sous cellophane - aux collants, en passant par les boîtes de conserves. Puis il y a les nostalgiques, ceux-là refusent le progrès. Ils n'aiment pas l'anonymat des grands magasins et préfèrent leurs petites boutiques habituelles. Le vendeur les connaît bien et les appelle par leurs noms et demande des nouvelles de leurs enfants.

Le premier grand magasin fut fondé par Aristide Boucicaut, né à Bellême en 1810 et mort à Paris en 1877. Comme il venait de perdre sa place de vendeur dans un petit magasin à Paris, il alla trouver un ami qui avait une

collant m *Strumpfhose*

refuser *ablehnen*
progrès m *Fortschritt*

habituel,le *gewohnt*

fonder *gründen*

perdre *verlieren*

aller trouver *aufsuchen*

boutique et lui proposa de s'associer avec lui. L'ami accepta. La boutique s'appelait «Au Bon Marché». Ce fut une révolution dans le monde du commerce: les prix étaient fixés à l'avance et étaient plus bas que ceux pratiqués partout ailleurs. En 1887, la petite boutique avait fait place à un grand magasin.

Boucicaut inventa aussi la vente par correspondance.

proposer *vorschlagen*

à l'avance *im voraus*
bas, se *niedrig*

inventer *erfinden*
vente f par correspondance
  Versandhandel

C comme ... *Chauvin*

Le nom de Chauvin se retrouve dans plusieurs langues. Citons, par exemple, l'allemand «Chauvinismus», l'anglais «chauvinism», l'italien «sciovinismo», le polonais «szowinism».

Chauvin a réellement existé. Il est né à Rochefort. C'était un patriote et l'exemple même du soldat enthousiaste et naïf des armées de la Révolution et de l'Empire. Soldat à 18 ans, il a fait toutes les campagnes. 17 fois blessé à la guerre, il reçut de Napoléon un sabre d'honneur, un ruban rouge et 200 francs de pension.

campagne f *Feldzug*
blessé,e *verwundet*
sabre m d'honneur *Ehrensäbel*
ruban m *Ordensband*

C comme ... *cimetière d'animaux*

Il y a plusieurs cimetières d'animaux. L'un des plus célèbres se trouve à Asnières, dans la banlieue parisienne. On y compte plus de 2000 tombes. Mais ce cimetière privé a été fermé par son propriétaire. Il existe aussi un service de pompes funèbres pour animaux.

cimetière m *Friedhof*
animal m *Tier*

tombe f *Grab*

propriétaire m *Besitzer*
service m de pompes
  funèbres (fpl) *Beerdigungsdienst*

C comme ... *coquelicot*

coquelicot m *Mohnblume*

Quel est le cri des animaux français?
L'âne fait hi-han; le chat: miaou; le
chien: ouah-ouah; la vache: meuh;
l'oiseau: cui-cui. Pour une oreille
étrangère, ces animaux ont un cri différent. Pour un Espagnol, le coq
fait:quiquiriqui; pour un Néerlandais:
kukeliku; pour un Anglais: cock-a-
doodle-doo; pour un Allemand: kike-
riki et pour un Français: cocorico -
d'où le nom du coq!

âne m *Esel*

oiseau m *Vogel*
oreille f *Ohr*
étranger, ère *ausländisch*

Mais attention, jusqu'au XIVe
siècle, le coq s'appelait «coquelicoq».
Comment expliquer le changement du
nom de fleur en nom d'oiseau?Eh
bien, c'est grâce à la couleur de la crête
du coq: elle est comparable à celle de la
fleur des champs.

siècle m *Jahrhundert*

changement m *Änderung*
fleur f *Blume*
crête f *(Hahnen)Kamm*
comparable *vergleichbar*
champ m *Feld*

Le coq est toujours à la mode. Prenez par exemple le mot «coquet, co-
quette». Il vient du mot coq! A vous
d'imaginer pourquoi.

D comme *Dolomites*

Quand partez-vous en vacances?
Préférez-vous prendre vos vacances au
printemps, en été, en automne ou en
hiver? Etes-vous sportif (sportive)?
Aimez-vous nager, jouer au tennis,
faire de la planche à voile ou du ski
nautique, ou préférez-vous les promenades en montagne? Vous êtes
peut-être alpiniste? La prochaine fois
que vous passerez vos vacances dans
les Dolomites, pensez à Dieudonné
Dolomieu, géologue et minéralogue
français (né à Dolomieu en 1750, mort

nager *schwimmen*
faire de la planche à voile
  windsurfen
ski m nautique *Wasserski*

à Châteauneuf en 1801). Il a découvert la «dolomie», une sorte de calcaire, qui a donné son nom aux Alpes Dolomitiques.

découvrir *entdecken*
calcaire m *Kalkstein*

F comme ... *fête des mères*

Au VIe siècle avant Jésus-Christ, on célébrait la fête des mères à Rome. Napoléon pensait réinventer cette fête. En 1922, elle apparut aux Etats-Unis. En France, elle fut officialisée en 1929 par un décret du président Gaston Doumergue. Mais ce ne sera que sous le régime de Vichy que la fête des mères rentrera dans les mœurs. En 1950, une loi l'institue définitivement.

siècle m *Jahrhundert*
célébrer *feiern*
réinventer *neu erfinden*
apparaître *erscheinen*

mœurs fpl *Sitten*
loi f *Gesetz*
instituer *einführen*

La fête des pères a été créée en 1952.

G comme *garçon*

«Garçon, un demi!»
«Garçon, l'addition!»
Quand on appelait, il n'y a pas si longtemps, le garçon de café, on ne parlait pas à un enfant. Mais au XVIIe siècle, dans les premiers cafés de Paris comme par exemple le «Procope», c'étaient des enfants qui servaient les clients. C'est depuis ce temps qu'on appelait les serveurs «garçon».

servir *bedienen*
client m *Kunde, Gast*

«N'oubliez pas le garçon», disait-on quand le service n'était pas encore compris dans l'addition.

compris *eingeschlossen*

Mais les temps ont changé et on appelle aujourd'hui les garçons «monsieur».

G comme ... *gigot*

Le gigot est le plat préféré de presque la moitié des Français. En deuxième position vient la sole meunière, en troisième, le steak et en quatrième, la choucroute garnie.

gigot m *Lammkeule*

plat m préféré *Lieblingsgericht*

sole f meunière *Seezunge Müllerin*

choucroute f garnie *Sauerkrautplatte*

G comme ... *Guignol*

Guignol *Kasper*

«Attention! Attention! Guignol! Guignol est derrière toi!» Assis autour d'un petit théâtre de carton, les enfants crient et rient de bon cœur. Guignol avec son chapeau et son habit marron aux boutons dorés roue de coups de bâton le pauvre gendarme. A la grande joie des spectateurs.

habit m *Gewand*

bouton m doré *goldener Knopf*

rouer de coups *verprügeln*

bâton m *Stock*

Guignol est un personnage typiquement lyonnais. Il fut crée à la fin du XVIIIe siècle par Laurent Mourguet, un marionnettiste. Son nom est celui d'un «canut», ouvrier de l'industrie de la soie à Lyon. Guignol ne respecte

lyonnais,e *aus Lyon*

canut m *Seidenweber*

soie f *Seide*

pas l'autorité et s'en prend souvent au gendarme.

Il est toujours célèbre, surtout auprès du public enfantin.

s'en prendre à *s. anlegen mit*

auprès de *bei*

G comme ... *Guillotin* (1738-1814)

Médecin, politique
Imagine un beau matin
Que pendre est inhumain
Et peu patriotique

pendre *hängen*

...
Et sa main fait soudain
Une machine
Humainement qui tuera
Et qu'on appellera
Guillotine.

Ce sont les quelques vers d'une chanson que l'on chantait pendant la Révolution française. Ce n'est pas Guillotin qui a inventé la guillotine - une première version existait déjà au XVIe siècle -, mais il préconisait son utilisation.

inventer *erfinden*

siècle m *Jahrhundert*
préconiser *befürworten*

I comme ... *Islam*

L'Islam est la deuxième religion en France. Il y a trois millions de musulmans dont 5 % seulement vont à la mosquée, mais beaucoup observent le ramadan.

observer *befolgen*
ramadan m *Fastenzeit*

M comme ... *mansarde*

J'ai toujours rêvé d'une mansarde, un appartement entre ciel et terre, bien chaud et bien confortable, avec de beaux meubles style Louis Philippe, avec vue sur la ville et un chat qui se promène sur le toit.

rêver *träumen*
ciel m *Himmel*

chat m *Katze*
toit m *Dach*
romantisme m *Romantik*
origine f *Ursprung*

Du romantisme? Du luxe? Ou simplement un retour aux origines?

Sous Louis XIV, les grands seigneurs et les nobles dames habitaient les mansardes du palais de Versailles. C'est François Mansart, architecte français (1598-1666) qui a propagé la mode des petites pièces d'habitation, les «combles à la Mansart», appelés aujourd'hui «mansardes».

pièce f *Zimmer*
combles mpl *Dachgeschoß*

M comme ... *margarine*

Que prenez-vous au petit déjeuner?
Du café noir? Du café au lait? Avec
sucre ou sans sucre? Vous mangez une
ou deux tartines de pain, frais ou gril-
lé, avec du beurre et de la confiture?
Préférez-vous des croisssants au pain
ou aux biscottes? Vous suivez un
régime? Alors vous mangez sûrement
de la margarine.

C'est un pharmacien et chimiste
français, Hippolyte Mège-Mouriès, né
en 1817 et mort en 1880, qui l'a inven-
tée. L'idée vint de Napoléon III. Pour
des raisons économiques, il voulait
remplacer le beurre utilisé par les cuisiniers de la marine. C'est pourquoi on
cherchait un produit qui se conserve-
rait mieux et coûterait moins cher.
C'est Mège-Mouriès qui en trouva la
formule en 1869.

En France, la margarine est toujours vendue sous forme de gros cu-
bes. Impossible de s'y tromper!

tartine f *Brotschnitte*

biscotte f *Zwieback*
suivre un régime *Diät halten*

pharmacien m *Apotheker*

inventer *erfinden*

pour des raisons (f) économiques *aus wirtschaftli-
chen Gründen*
remplacer *ersetzen*
cuisinier m *Koch*

cube m *Würfel*
se tromper *s. irren*

M comme ... *muguet*

Chaque année, le premier mai, se vendent 45 millions de brins de muguet.
Le muguet vient surtout de la région
de Nantes où 240 producteurs de muguet sur 25 hectares emploient de 3000
à 5000 saisonniers. La récolte rapporte
environ 500 millions de francs.

muguet m *Maiglöckchen*

brin m *Stengel*

Nantes *Stadt im Westen
Frankreich*s

saisonnier m *Saisonarbeiter*
récolte f *Ernte*
rapporter *einbringen*

N comme ... *nicotine*

On vous offre une cigarette: vous acceptez ou vous refusez? Fumer ou ne pas fumer, c'est la question! Tout a commencé au XVIe siècle.

Un jour, Jean Nicot assista à la scène suivante: un cuisinier de l'ambassade de France au Portugal, où Nicot était ambassadeur (1559-1561), se blessa grièvement à la main avec un couteau. On appliqua des herbes sur la blessure et la plaie guérit très vite. L'herbe utilisée était du tabac en feuilles.

Jean Nicot introduisit le tabac en France. D'abord, on utilisait «l'herbe à Nicot» pour soigner certains maux: les maux de tête, d'yeux, coliques etc. Sous le nom de «nicotiane», le tabac se vendait en pharmacie. Puis, les gens commençaient à fumer l'herbe à Ni-

cuisinier m *Koch*
ambassade f *Botschaft*

se blesser *s. verletzen*

grièvement *schwer*
couteau m *Messer*
appliquer *hier: legen*
herbes fpl *Kräuter*
plaie f *Wunde*
guérir *heilen*
feuille f *Blatt*
introduire *einführen*
maux mpl *Krankheiten,
 Schmerzen*

cot. Déjà vers 1650, il était interdit de fumer en public. En Angleterre, les fumeurs étaient battus, en Turquie, on leur perçait le nez et en Russie, on les tuait. Urbain III menaça d'excommunier les prêtres qui fumaient pendant la messe.

en public *in der Öffentlichkeit*
battre *schlagen*
percer *durchbohren*
menacer *drohen*
prêtre m *Priester*

Ce n'est que plus tard qu'on utilisait le mot «tabac» qui vient d'Haïti.

On vous offre une cigarette sans nicotine - vous acceptez ou vous refusez?

O comme ... *orgue de Barbarie*

orgue f de Barbarie *Leierkasten*

Il se promène dans la rue en tournant la manivelle d'un «moulin à musique». Il chante des rengaines vieillottes et vous tend son chapeau. Ses airs vous rappellent une époque lointaine dont vous rêvez. Vous l'avez reconnu?

manivelle f *Kurbel*
moulin m *Mühle*
rengaine f vieillotte *altmodischer Schlager*
tendre *hinhalten*
rêver *träumen*
mendiant m *Bettler*

C'est le mendiant qui joue de l'orgue de Barbarie au coin de la rue des Amours.

Les orgues de Barbarie datent du XVIIe siècle et portent le nom de leur inventeur, le facteur d'orgues italien Barberi. Ces orgues furent très longtemps l'instrument favori des mendiants et sont aujourd'hui de précieux objets de collection.

siècle m *Jahrhundert*
facteur m d'orgues *Orgelbauer*
favori *Lieblings...*
précieux, -se *kostbar*

P comme ... *pantalon*

La signification moderne du mot date seulement du temps de la Révolution française. Le mot existait déjà avant 1650, mais il avait alors un sens tout à fait différent: «homme qui prend toutes sortes de figures et qui

signification f *Bedeutung*

figure f *Gestalt, Aussehen*

joue toutes sortes de rôles pour arriver à ses fins».

C'est à un homme d'église que l'on doit ce mot: Saint Pantaléon, patron de Venise, très populaire et aimé des paysans parce qu'il s'occupait de leurs enfants. Par amour et par respect pour Saint Pantaléon, les paysans appelaient leurs enfants «pantaleoni».

Le théâtre vénicien de l'époque se moquait beaucoup des paysans et a créé un personnage un peu bête, habillé comme les paysans d'une sorte de pantalon collant, le «pantalone», et devenu célèbre par la suite.

Si par hasard vous allez à Venise, vous pouvez rendre hommage à Saint Pantaléon dans une église qui porte son nom. L'habit ne fait pas le moine, mais le pantalon, quel vêtement!

P comme ... *pêche Melba*

Ce dessert doit son nom à une chanteuse australienne, Helen Porter Michel, originaire de Melbourne et à qui on donna le surnom de «Melba».

Un jour, elle vint à Paris consulter un grand chef de cuisine pour un dîner qu'elle voulait donner. La chanteuse et le grand chef Escoffier finirent par se disputer. Comme dessert, Escoffier proposa des glaces, Madame Michel préférait des pêches flambées. Après de longues discussions, ils trouvèrent un compromis: pêches, glace et crème. Ce fut la naissance de la «pêche Melba».

arriver à ses fins *sein Ziel erreichen*

devoir *verdanken*

s'occuper de *s. kümmern um*

vénicien,ne *venezianisch*
se moquer de *s. lustig machen über*

collant,e *eng anliegend*
célèbre *berühmt*
par la suite *später*
par hasard *zufällig*
rendre hommage (m) *Ehre erweisen*
l'habit ne fait pas le moine *die Kutte macht nicht den Mönch*

pêche f *Pfirsich*

originaire de *gebürtig aus*
surnom m *Spitzname*

se disputer *s. streiten*
proposer *vorschlagen*
glace f *Eis*
préférer *vorziehen*

P comme ... *poubelle*

Que faire des déchets dans un appartement ou dans une maison? Que faire de toutes les boîtes et bouteilles vides, du vieux papier, etc.? Eh bien, on les met à la poubelle, et une ou deux fois par semaine, les poubelles sont sorties sur le trottoir et vidées. Une idée formidable. Qui l'eut? C'est Eugène-René Poubelle (1831-1907), préfet de la Seine, qui a eu cette idée géniale. En 1884, le préfet Poubelle obligea tous les propriétaires parisiens de se servir d'un récipient solide et hygiénique que l'on appela tout simplement «poubelle».

poubelle f *Mülltonne*

déchet m *Abfall*

vider *leeren*

de la Seine = *des Departements Seine*

obliger *verpflichten*
propriétaire m *Hausbesitzer*
récipient m *Behälter*

S comme ... *silhouette*

Etienne Silhouette a vécu de 1709 à 1767. Grâce à Madame de Pompadour, il devint ministre des Finances en 1759. Au début, on accepta ses réformes, mais quand il voulut diminuer les pensions et soumettre à l'impôt les terres des nobles, il devint très vite impopulaire et perdit son poste. Il fut ridiculisé et caricaturé dans des «portraits à la Silhouette», où l'on ne voit que les contours de la personne.

diminuer *verringern*
soumettre à l'impôt (m) *besteuern*
terres fpl *Ländereien, Grundbesitz*
ridiculiser *lächerlich machen*

contour m *Umriß*

Z comme ... *Zola*

Parmi les auteurs étudiés en classe, c'est Emile Zola (1840-1902) l'auteur préféré des élèves français. Viennent ensuite Baudelaire, Molière, Camus, Maupassant, Voltaire.

Une chanson

Plaisir d'amour

«En France, tout finit par des chansons.»

(Pierre Augustin Caron de Beaumarchais, 1732-1799)

Plaisir d'amour,
paroles d'après Jean-Pierre Claris
de Florian, écrivain (1755-1794);
écrivain m *Schriftsteller*

musique de Martini, directeur de
l'orchestre à la cour de Louis XVIII
(1755-1824), roi de France.
cour f *Hof*

Les vers racontent le chagrin
d'amour d'un chevrier abandonné par
sa belle. Cette chanson était très à la
mode dans les salons.
chagrin m *Kummer*
chevrier m *Ziegenhirt*
abandonné,e *verlassen*

Plai- sir d'a- mour—— ne du- re qu'un- mo-
-ment. — Cha- grin d'a- mour du- re tou- te la
vi - - - - - e. J'ai tout quit- - -
-té pour l'in- gra- te Syl- vi- - - - - - - - e,
El- le me quitte et prend— un autre a- mant.

Aus Sabatier, *Troisième livre des chansons de France,*
© Editions Gallimard

Plaisir d'amour
ne dure qu'un moment,
Chagrin d'amour dure toute la vie.
J'ai tout quitté pour l'ingrate Sylvie
Elle me quitte et prend un autre
amant.
Plaisir d'amour
ne dure qu'un moment,
Chagrin d'amour dure toute la vie.
Tant que cette eau
coulera doucement
Vers ce ruisseau qui borde la prai-
rie,
Je t'aimerai, me répétait Sylvie.
L'eau coule encore, elle a changé
pourtant.
Plaisir d'amour
ne dure qu'un moment,
Chagrin d'amour dure toute la vie.

durer *dauern*

ingrat,e *undankbar*

amant m *Liebster*

tant que *solange*
couler *fließen*
ruisseau m *Bach*
border *säumen*
répéter *wiederholen*

Weitere Empfehlungen für Französisch

Langenscheidts Taschenwörterbuch Französisch

Teil I: Französisch-Deutsch. 576 Seiten.
Teil II: Deutsch-Französisch. 640 Seiten.
Beide Teile auch in einem Band. Plastikeinband.
Dieses handliche und doch umfassende Wörterbuch bietet mit rund 95 000 Stichwörtern und Wendungen in beiden Teilen den modernen Wortschatz der Umgangs- und Fachsprache.

Langenscheidts Verb-Tabellen Französisch

64 Seiten. Musterbeispiele für alle Konjugationsklassen der regelmäßigen und unregelmäßigen Verben, leicht erlernbar in Tabellen dargestellt.

Langenscheidts Kurzgrammatik Französisch

64 Seiten. Kurzgefaßt, übersichtlich geordnet, mit vielen Beispielen, enthält sie alle wichtigen grammatischen Regeln und Eigenheiten der Sprache.

Langenscheidts fremdsprachliche Lektüren

Nouvelles françaises · Textes français modernes ·
Thanatos Palace · Hotel Humour à gogo.
Jeweils etwa 100 Seiten. Die Texte sind dem modernen, französischen Schrifttum entnommen. Alle weniger bekannten Vokabeln werden direkt neben dem Text erläutert.

1000 französische Redensarten

240 Seiten, illustriert. Eine Zusammenstellung idiomatischer Wendungen, die zum vollen Verständnis der französischen Sprache unentbehrlich sind.

Langenscheidt ... weil Sprachen verbinden